I libri di Luciano De Crescenzo

Luciano De Crescenzo

STORIA DELLA FILOSOFIA MEDIOEVALE

I Libri di Paolo Caruso

MONDADORI

Dello stesso autore

nella collezione I libri di Luciano De Crescenzo
Così parlò Bellavista
Raffaele
Zio Cardellino
Oi Dialogoi
Storia della filosofia greca - I
Storia della filosofia greca - II
Vita di Luciano De Crescenzo scritta da lui medesimo
Elena, Elena, amore mio
I miti dell'amore
I miti degli eroi
I miti degli Dei
I miti della guerra di Troia
Croce e delizia
Usciti in fantasia
Panta rei
Ordine e Disordine
Nessuno
Il tempo e la felicità
Le donne sono diverse
La distrazione
Tale e quale

nella collezione Passepartout
Il dubbio
Socrate
Sembra ieri

nella collezione I grandi miti greci a fumetti
L'amore
La creazione del mondo

nella collezione Illustrati
La Napoli di Bellavista

nella collezione Supermiti
I grandi miti greci

Il nostro indirizzo Internet è:
http://www.mondadori.com/libri

ISBN 88-04-50291-6

I edizione aprile 2002

Indice

Storia della filosofia medioevale

Premessa

Caro lettore,

dal momento che hai già comprato il libro posso dirti la verità: quella che stai per leggere non è una vera e propria storia della filosofia medioevale, è solo una breve escursione in quel periodo storico. Il titolo indica un argomento ben preciso, non ci sono dubbi, ma il testo spesso e volentieri se ne va per i fatti suoi: c'è un capitolo, per esempio, che parla dei barbari, uno sulla paura dell'anno Mille, uno su san Francesco, e perfino uno sulle streghe che con la filosofia non ci *azzeccano* niente. Insomma, più che una storia della filosofia è uno sguardo panoramico su alcuni aspetti significativi del Medioevo.

Io, al liceo, sono stato fortunato: ho avuto due insegnanti di filosofia, il professor Cassetti e il professor Valenza, uno più bravo dell'altro. A proposito, chissà che voto mi darebbero se potessero leggere questo libro? Per quanto riguarda, invece, i professori attuali, certamente ci sarà qualcuno che troverà delle approssimazioni inaccettabili. Se le ho scritte, però, è stato per venire incontro ai lettori più giovani. Diceva il grande Averroè che chiunque scrive un'opera filosofica dovrebbe scriverla almeno tre volte: una per i colleghi, una per gli allievi e una per il popolo. Gli accademici, invece, chissà perché, ne fanno sempre una sola: quella per i colleghi accademici. Io stesso, a casa mia, uso tre modi diversi di parlare: il primo quando parlo con mia figlia Paola, il secondo quando parlo con la colf filippina e il terzo quando parlo col mio nipotino Michelangelo che ha solo sette anni.

Una volta, ricordo, fui invitato in televisione da un giornalista «cattivo»: Arnaldo Bagnasco. Cattivo, insisto, scritto tra virgolette. Lui, prima di entrare in studio, non mi volle anticipare il tema del programma. «Vedrai, mi disse, sarà una bella sorpresa» e io, incosciente, lo seguii. Mi trovai di fronte un autentico plotone di esecuzione. C'erano alcuni dei più importanti filosofi italiani: Emanuele Severino, Gianni Vattimo, Carlo Augusto Viano, Girolamo Cotroneo, Sebastiano Maffettone, Lucio Colletti e, come se questi non bastassero, Antonio Cosentino e Indro Montanelli in collegamento esterno.

Bagnasco m'introdusse dicendo: «Qui, di fronte a voi, c'è un autore che ha scritto una storia della filosofia greca e che è convinto di essere un filosofo e uno storico della filosofia. Voi che ne dite?».

Peggio di così non mi avrebbe potuto presentare. D'altra parte, il dovere di un conduttore è quello di accendere il dibattito.

Il primo a pronunziarsi fu Montanelli.

«A essere sincero» disse, «non ho mai letto la filosofia greca di De Crescenzo. Se, però, il libro è riuscito a farsi leggere da tante persone e in tanti paesi del mondo, che Dio gliene renda merito! Sappia, comunque, che lo attendono critiche feroci. Ne so io qualcosa, per aver scritto una *Storia d'Italia* che, a quanto dicono, si legge con piacere.»

Ebbene, incredibile a dirsi, nessuno dei filofofi mi sparò contro. Anzi, mi manifestarono tutti una certa simpatia. Magari litigarono un po' fra di loro, ma nei miei confronti non venne sollevata alcuna critica, soprattutto dopo che dichiarai di non sentirmi né uno storico della filosofia né tanto meno un filosofo. Per l'esattezza dissi: «Credo di essere una di quelle scalette con soli tre gradini, che si trovano nelle biblioteche e che consentono di prendere i libri dagli scaffali che stanno più in alto».

Avrei voluto aggiungere che quando si studia è determinante la voglia di studiare: più un allievo si appassiona a una materia e più è facile che la capisca. Questo è stato, ed è tuttora, il mio intento: «far venire la voglia di conoscere la filosofia a un ragazzo di sedici anni». A volte ci riesco e a volte no: l'importante è tentare. C'è in più il mio modo di raccontare, da alcuni definito (purtroppo) «umoristico». Ebbene, non è colpa mia se ogni tanto mi scappa una battuta. A tale proposito colgo l'occasione per chiarire che a consigliarmi per primo di scrivere un libro di filosofia non fu un editor della Mondadori ma un appassionato di anagrammi: prese il titolo *STORIA DELLA FILOSOFIA GRECA* e lo anagrammò. Ne venne fuori: RIDI E FAI FOLLA GROSSA E COLTA.

I romanzi si distinguono dai saggi perché hanno una trama che li accompagna dal principio alla fine. Ebbene, anche la mia storia della filosofia medioevale ha una trama, e precisamente la guerra durata mille anni tra la Fede e la Ragione, con moltissime vittorie della Fede e praticamente nessuna della Ragione. Leggere per credere. Di argomenti tosti ce ne sono fin troppi. Io stesso, per alcuni, ho fatto una fatica incredibile. A volte, ho dovuto chiedere aiuto a un professore di filosofia che abita nel mio palazzo, perché mi spiegasse meglio qualche concetto. L'ontologia, ad esempio, oppure gli Universali. Fra l'altro, non si capisce perché certi temi siano stati trattati così a lungo dai filosofi medioevali. È strano, in particolare, quel loro affannarsi per dimostrare che Dio esiste, laddove se c'è una cosa a questo mondo che non ha bisogno di essere dimostrata è proprio l'esistenza di Dio. Non c'è individuo a cui convenga essere ateo, dal momento che prima o poi tocca a tutti verificare. Al massimo possiamo trovare degli agnostici, ma anche loro, diciamo la verità, quando sono lì lì, sull'orlo del precipizio, una mezza speranza cominciano ad averla, e allora, per dirla con Pascal, tanto vale scommettere sul sì.

Un giorno Aristotele disse: «Ormai, tutto quello che c'era da inventare lo abbiamo inventato» e questo lo affermò nel IV secolo avanti Cristo. Se me lo trovassi adesso seduto qui di fronte, accanto al computer, gli direi: «*Aristò, l'hai detta la fesseria! Eh!* E la televisione, e il telefono, e l'automobile, e l'aeroplano, e il computer, chi li ha inventati? Noi, se permetti: noi uomini del XX secolo!».

Ma lui mi risponderebbe: «E che credi di avere inventato? Hai inventato delle prolunghe! E già, perché la televisione è una prolunga della vista, il telefono una prolunga dell'udito, l'automobile una prolunga delle gambe. Ma l'uomo... l'uomo con il suo mistero della vita e della morte, quello era e quello è rimasto! E sull'uomo tutto quello che c'era da dire lo abbiamo detto noi greci la bellezza di ventiquattro secoli fa».

Chiudo dando un consiglio ai lettori digiuni di filosofia: se trovate qualche capitolo indigesto non vi preoccupate, saltatelo a piè pari. Poi, magari, ci tornerete sopra in un secondo momento, a libro finito. L'importante è capire che cosa sia stato il Medioevo: per alcuni un'età buia da dimenticare; per altri invece, fra cui il sottoscritto, un pezzo di storia affascinante che non si può fare a meno di conoscere.

Luciano De Crescenzo

I
Il Dubbio e la Fede

Quando si parla di Secoli Bui, due sono le domande che mi vengono in mente: quando sono cominciati e chi è stato a spegnere la luce. Per quanto riguarda l'inizio, farei cominciare il Medioevo dal 312 dopo Cristo, l'anno in cui l'imperatore Costantino sentì una voce che gli consigliava di disegnare una croce sugli scudi dei legionari. Per alcuni quella voce veniva dal cielo, per altri, invece, era sua madre che, nascosta dietro una tenda, gli mandava degli input religiosi. Per quanto riguarda la luce, infine, non ho dubbi: è stata la Chiesa. Ma prima di farmi nemici tutti i credenti, compresi i miei familiari più cari, vorrei spiegare che cosa è per me la filosofia.

La filosofia è un modo di pensare, se non addirittura di vivere, che sta a metà strada tra la scienza e la religione. Nel mondo esistono cose che si sanno e cose che non si sanno, ma che in compenso si credono. Le prime fanno parte della scienza (tipo l'acqua che bolle a cento gradi) e le seconde della religione (tipo l'Aldilà con tutti i suoi siti danteschi). Infine, ci sono cose che non si sanno e non si credono, come l'Essere, ad esempio, sulle quali si discute e si litiga fin dai tempi di Parmenide e che costituiscono per l'appunto la filosofia.

Vediamo ora come stavamo messi prima dell'avvento del cristianesimo. La scienza non veniva ancora studiata nelle scuole e la religione non era così diffusa da spaventare i laici. Ognuno poteva scegliersi il Dio che voleva e nessuno gliene imponeva un altro con la forza. Simbolo di questa larghezza di vedute era il Pantheon, ovvero un edificio costruito nel 25 a.C. a Roma da Marco Agrippa, ma voluto fortemente dall'imperatore Adriano. Nel Pantheon ogni individuo poteva entrare, uscire e pregare chi più gli pareva. Diceva il grande Adriano agli extracomunitari dell'epoca: «Credete in un vostro Dio? Volete adorarlo? *No problem*:[1] trovatevi un angolino nel Pantheon e pregate chi vi pare e piace, senza però dare fastidio a quelli che vi stanno vicino». D'altra parte, che vuol dire *Pántheon* in greco? Vuol dire «tutti gli Dei». Ebbene, più permissivo di così Adriano non avrebbe potuto essere. E, a tale proposito, leggiamo quanto dice Voltaire, il maestro di questa virtù, nel capitolo ottavo del *Trattato sulla tolleranza.*

Tra gli antichi romani, da Romolo in poi, sino a quando non si fecero avanti i cristiani, non troverete un solo uomo che sia stato perseguitato per le sue idee religiose. Cicerone dubitò sempre, Lucrezio negò tutto, e né all'uno e né all'altro venne mosso il più piccolo rimprovero. La libertà giunse a tal punto che Plinio, il naturalista, iniziò il suo libro negando l'esistenza di Dio e affermando che, se ce ne fosse uno, sarebbe il Sole. Cicerone, parlando dell'Inferno, dice: «Non c'è vecchia così stupida che ancora ci creda».

E Seneca nelle Troades *afferma:* «Post mortem nihil est», *ovvero: dopo la morte c'è solo il nulla.*

Poi, purtroppo, arrivarono le grandi religioni monoteistiche: il giudaismo, il cristianesimo e l'islamismo, e la tolleranza andò a farsi benedire e con essa la filosofia.

Tre sono le regole da rispettare quando uno, nella vita, decide di fare il filosofo, e precisamente l'*aporeín*, l'*epoché* e

[1] In realtà Adriano non disse *no problem* ma *nihil morae.*

l'*apátheia*, ovvero: il «dubbio», la «sospensione del giudizio» e il «distacco dalle passioni». Quanto a me, ogni volta che qualcuno mi chiede un'opinione, come prima cosa non rispondo, poi comincio a balbettare tirando fuori un «forse», e infine dico tutto quello che penso servendomi, però, esclusivamente del cervello. Ebbene, fu proprio il Dubbio quello che più dette fastidio agli uomini di Fede. Non è l'ateo, infatti, a preoccupare il clero, quanto l'uomo che si pone di continuo delle domande.

Uno dei tanti danni inferti dalla religione fu l'aver causato la sparizione degli amuleti fallici. In epoca romana, infatti, il portafortuna più diffuso era il «cazzettino», ovvero un oggetto di terracotta a forma di fallo. Ancora oggi, a Pompei e a Ercolano, è possibile vedere disegnati fuori le porte delle case, in alto a destra, dei piccoli falli, simboli di fertilità. Poi, una volta salito al potere il cristianesimo, i falli portafortuna vennero proibiti e i poveri venditori di amuleti, per sopravvivere, furono costretti a stilizzarli fino a farli diventare dei corni.

L'affermarsi della religione cristiana a Roma nel IV secolo creò fin dall'inizio lo scontro frontale tra la Fede e il Dubbio, e, come diretta conseguenza, la dittatura della religione. Ma, prima di fare di ogni erba un fascio, è onesto riconoscere che, almeno nei primi tempi, il cristianesimo fece scendere in campo tre santi con le palle, pardon, volevo dire di eccezionale intelligenza: sant'Agostino, sant'Ambrogio e san Gerolamo. Ciò nonostante, pur iniziando con questo trio di tutto rispetto, il Medioevo costruì il suo edificio sulle fondamenta di un filosofo pagano, ovvero su Plotino.

Chi era Plotino? Diciamo un fan scatenato di Platone, ma così appassionato da proporre all'imperatore Gallieno la costruzione di una città filosofica chiamata Platonopoli, nei pressi di Caserta, dove gli abitanti sarebbero stati tutti obbligati a vivere secondo i precetti platonici, o, per meglio dire, neoplatonici.

Per cinquant'anni Plotino non volle mai scrivere nulla, poi, un bel giorno, quasi all'improvviso, elaborò il materiale che il suo discepolo Porfirio avrebbe ordinato in sei raccolte di pensieri, ciascuna suddivisa in gruppi di nove, perciò dette *Enneadi* (da *ennéa* che in greco vuol dire «nove»), in cui si parla nell'ordine: di etica, di fisica, di tempo, di anima, di intelletto e di Essere. Ebbene, perché si sappia, i primi pensatori medioevali debbono tutti qualcosa a Plotino e al neoplatonismo. Plotino, infatti, fece da filtro tra la filosofia antica e quella medioevale, aggiungendovi un pizzico di misticismo e di religioni orientali. Di lui sant'Agostino dice: «Cambiate solo qualche parola nei suoi scritti e avrete un perfetto cristiano».[1]

Ora, però, parliamo di Gesù. All'inizio, visto dalla capitale dell'Impero romano, tutto quello che gli era successo non aveva alcuna importanza. Se a quei tempi fossero usciti i giornali la Crocefissione sarebbe finita in ultima pagina e in un trafiletto di poche righe. Di profeti, presi e crocefissi, se ne contavano migliaia e Tiberio, l'imperatore in carica, non ne conosceva nemmeno i nomi. Per lui quel singolo martirio era solo un piccolo incidente capitato nella periferia dei suoi possedimenti orientali. Le sette religiose che imperversavano erano talmente tante che, una più, una meno, non lo avrebbero certo preoccupato. Il cristianesimo, invece, attecchì in modo straordinario e finì per avere un riconoscimento definitivo il giorno in cui l'imperatore Costantino si lasciò battezzare sul letto di morte. Raccontano gli storici che un attimo prima di morire l'imperatore abbia detto al sacerdote che lo battezzava: «Speriamo di non sbagliare». Non per questo, però, possiamo parlare di filosofia religiosa, anche perché l'espressione «filosofia religiosa» è di per sé una contraddizione in termini.

Tutte le religioni nascono da un'esigenza insopprimibile dell'essere umano: quella di non voler sparire per sempre

[1] Su Plotino invitiamo il lettore a leggere quanto scritto in *Storia della filosofia greca*, vol. II, Mondadori, Milano 1986.

dopo la morte. Di qui l'invenzione dell'anima e dell'Aldilà. Che poi il Creatore si chiami Dio, Allah o Jahvè, non ha alcuna importanza. «Vivi secondo i principi della tua religione e un giorno sarai premiato», dicono i preti al fedele, e subito dopo gli ricordano che la vera vita non è quella che sta vivendo in quel momento ma la prossima, quella che vivrà dopo la morte. Dopodiché il fedele può accettare di tutto, anche il martirio. Quelli che poi esagerano si mettono a fare i kamikaze e si proiettano contro le Torri Gemelle. C'è infine chi sfrutta questa esigenza naturale dell'uomo per arrivare al potere e, allora, il fenomeno da religioso diventa politico. Non ha senso, infatti, dire che l'Occidente è più evoluto dell'Islam, come peraltro ha affermato di recente un presidente del Consiglio. Sarebbe stato sufficiente constatare che gli islamici, in genere, sono più religiosi dei cristiani e nessuno si sarebbe offeso.

Nella guerra tra il Dubbio e la Fede io faccio il tifo per il Dubbio. Una volta diventato maggiorenne, ho sostituito il verbo «credere» col verbo «sperare» e il verbo «non credere» con il verbo «temere». Come dire che spero che «dopo» ci sia qualcosa. E lo spero non tanto per me, quanto per mia madre: lei, poverina, ha pregato tutta la vita, è andata ogni mattina in chiesa, e non ha commesso il più piccolo peccato in ottantatré anni. Ha avuto un solo uomo nella vita, mio padre, e non ha mai detto una parolaccia. Quando papà accennava a pronunziare una bestemmia, cominciando con un «mannaggia a...», lei lo interrompeva immediatamente con un «sempre sia lodato» e tutto tornava nella regola. Spero, quindi, che, una volta arrivata in Cielo, abbia trovato il Paradiso così come se lo era sempre immaginato, con san Pietro sotto il portone che l'aspettava con le chiavi in mano e con tutti i santi a lei più cari che le facevano festa. Che delusione, invece, se al posto del buon Dio ha trovato Manitù con in testa le penne da pellirossa!

II

Sant'Agostino

A smentirmi subito sull'impossibile convivenza della Fede con la Ragione ecco farsi avanti sant'Agostino, il maggiore esponente della Patristica cristiana. Più razionale e più religioso di sant'Agostino, diciamolo subito, non c'è mai stato nessuno. Ora, io non so se basta una confessione, per quanto scritta bene, per essere assolti da qualsiasi peccato; se, però, questo è possibile, allora lui in questo momento, il mio Agost, mi sta spiando dall'alto dei cieli.

La sua vita fu quanto di più incasinato si possa immaginare: nacque in Algeria, a Tagaste, nel 354 dopo Cristo (era quasi un negro). Poi, si trasferì a Madaura e da qui a Cartagine dove completò gli studi superiori. Suo padre, Patrizio, era un contadino di fede pagana e sua madre, Monica, una cattolica che più cattolica non si può. Lui, incerto tra le due religioni, abbracciò le dottrine dei manichei e divenne un assiduo seguace di quella setta. Ci restò per nove anni e fu contemporaneamente «sedotto e seduttore, ingannato e ingannatore»[1] (tanto per usare le sue stesse definizioni) finché non conobbe di persona il vescovo manicheo Fausto, per poi restarne disgustato.

[1] Agostino, *Confessioni*, libro IV, cap. 1.

Da giovanotto lesse l'*Hortensius* di Cicerone, opera purtroppo smarrita, e da quel momento fu preso da uno smisurato interesse per la cultura classica. «Quel libro» scrive «cambiò il mio modo di pensare»,[2] dopodiché si mise a leggere quanti più testi latini e greci riuscì a trovare. E non basta: si appassionò anche allo studio delle stelle senza però mai scadere nell'astrologia. Nelle *Confessioni* dice testualmente: «Non ho mai creduto a quegli imbroglioni che si proclamano astrologi e che dicono: questo è dovuto a Venere, questo a Saturno e questo a Marte»,[3] per poi aggiungere: «Se la data di nascita influisse davvero sulla vita degli esseri umani, due gemelli avrebbero gli stessi destini».

A sedici anni perse la testa per una donna meno giovane di lui e la mise incinta. Vivrà con lei dodici anni *more uxorio* e avrà un figlio di nome Adeodato. Ancora giovanissimo divenne professore di Grammatica e di Retorica a Cartagine. Poi, com'era di moda a quei tempi, si trasferì a Roma e da lì a Milano dove ottenne una seconda cattedra di Retorica. Due tormenti lo accompagneranno per tutto il viaggio: il mal di mare e il rimorso per aver scaricato sua madre con una scusa qualsiasi.

«Vado un attimo al porto» le aveva detto, «saluto un amico che deve partire per Roma e torno. Tu intanto aspettami nella chiesa di San Cipriano.»[4]

Sant'Agostino come parlatore è quanto di meglio si possa immaginare: lui saliva in cattedra e parlava. Non aveva bisogno di appunti o scalette. A qualsiasi domanda rispondeva con grande competenza e quelli che lo ascoltavano ne restavano affascinati. Avrebbe potuto parlare per ore e ore e tutti lo avrebbero seguito.

A Milano venne raggiunto dalla madre Monica che lo

2 *Ibid.*, libro III, cap. 4.
3 *Ibid.*, libro IV, cap. 3.
4 *Ibid.*, libro V, cap. 8.

convinse a lasciare la prima amante e a fidanzarsi con una ragazzina di soli undici anni ma di famiglia benestante. Il progetto era di vederlo una buona volta accasato e felice, ma, dal momento che l'età minima per sposarsi era dodici anni, il giorno delle nozze venne rimandato, e lui, se non altro per non dormire da solo, si trovò un'amante più esperta e più in carne della promessa sposa.

Tra un fidanzamento e l'altro conobbe sant'Ambrogio, il vescovo di Milano, e da quel momento le sue convinzioni religiose cambiarono di colpo. Cominciò a sentire il bisogno di qualcosa di più significativo. È lui stesso a dircelo nelle *Confessioni.*

Tardi ti amai, o Bellezza Divina, per me così nuova e così antica. (...) Tu mi chiamasti, e il tuo grido perforò la mia sordità. Tu balenasti, e il tuo fulmine dissipò la mia cecità. (...) Tu mi toccasti, e il desiderio di te non fece che aumentare.[5]

A quel punto ogni esperienza, ogni incontro lo convinsero che quella era la strada giusta. L'ascetismo di sant'Antonio, la conversione di Vittorino raccontatagli da Simpliciano e le Lettere di san Paolo lo renderanno un cristiano perfetto. Nella notte tra il 24 e il 25 aprile del 387, durante la veglia pasquale, Agostino e suo figlio Adeodato ricevettero il battesimo, a Milano, dalle mani stesse di sant'Ambrogio.[6]

In effetti una prima avvisaglia di conversione l'aveva già avuta alcuni anni prima, quando stava ancora a Tagaste. Un giorno, mentre riposava in giardino, scoppiò a piangere senza motivo. Ebbene, proprio in quel momento sentì la voce di un bambino, o forse di una bambina, che recitava una cantilena: «Prendi e leggi, prendi e leggi».[7] Al che lui si

[5] *Ibid.*, libro X, cap. 27.
[6] *Ibid.*, libro IX, cap. 6.
[7] *Ibid.*, libro VIII, cap. 12.

alzò di scatto, tornò in casa e afferrò il primo libro che gli capitò tra le mani: era il Vangelo. Lo aprì a caso e lesse questi versi (Romani, 13, 13 sg.):

Non nella crapula e nell'ubriachezza, non nell'impudicizia del tuo letto, non nelle contese e nell'invidia, ma solo in Nostro Signore Gesù Cristo potrai trovare pace e ristoro.[8]

A parte questo episodio, quando tornò in Africa, subito dopo il battesimo, fece erigere un monastero dove vivrà da eremita finché non verrà nominato vescovo di Ippona. E fu proprio in questo periodo che scrisse, sempre di notte, le sue cose migliori: le *Confessioni, La città di Dio,* la *Trinità,* la *Dottrina cristiana,* il *Sermone della montagna,* le *Lettere ai romani, Sulla vera religione* e tante altre opere. Tutto questo, ovviamente, senza mai essere abbandonato dal tormento dei suoi sogni erotici. Eremita sì, ma fino a un certo punto. Per rendersene conto basta leggere alcune frasi sparse qua e là nelle *Confessioni.*

– «*O Signore Iddio, dammi la castità e la continenza, ma non subito subito.*» (*Confes.*, VIII, 7)

– «*Ahimè, non sono capace di dormire una notte da solo.*» (*Confes.*, VI, 15)

– «*Dal traviamento della volontà nasce la libidine, dalla libidine l'abitudine, e dall'abitudine la necessità.*»

– «*Ama e poi fai quello che vuoi.*»

– «*Osai perfino tra le pareti della Tua Chiesa concepire voglie impure.*» (*Confes.*, III, 3)

– «*La voglia di amare e di essere amato diventava più grande se unita al possesso del corpo dell'amante.*» (*Confes.*, III, 1)

Insomma, tenuto conto che sto parlando di un santo, faccio un po' fatica a credergli. Poi, però, ci ripenso e scopro

[8] *Ibid.*, libro VIII, cap. 12.

che ha ragione lui: finché si ama con animo puro tutto è permesso, anche l'erotismo, e chissà che anch'io un giorno non possa avanzare qualche pretesa di santità. Agostino, tutto sommato, aveva commesso un solo peccato nella vita: quello di aver ingannato sua madre il giorno in cui era partito per l'Italia.

Morì nel 430 a Ippona mentre la città era assediata dai Vandali di Genserico. Il suo corpo venne in seguito prelevato da Liutprando, re dei Longobardi, e deposto a Pavia nella chiesa di San Pietro in Ciel d'Oro.

Gli argomenti trattati da sant'Agostino sono in sintesi quattro: il *peccato*, il *tempo*, la *città di Dio* e la *polemica contro il pelagianismo.*
Sul concetto di peccato, è illuminante l'episodio del furto delle pere. Lo trascrivo qui di seguito parola per parola.

Contiguo al mio podere c'era un albero di pere, peraltro nemmeno migliori per bellezza e sapore di quelle che già possedevo. Una notte, dopo aver gozzovigliato a lungo con una combriccola di amici, alcuni di loro si misero a scuotere l'albero in modo da provocare la caduta dei frutti. Ne portammo via, ricordo, una grande quantità, e non per mangiarli, sia chiaro, ma solo perché provavamo un gran piacere a rubarli. In altre parole io, anima malvagia, amai la mia disonestà, e non perché avessi desiderato quello che rubavo, ma solo perché ero affascinato dalla disonestà in quanto tale.[9]

Anch'io, nel mio piccolo, ricordo di aver avuto un'esperienza del genere. Avrò avuto dieci anni, o forse undici, e presi l'abitudine di andare con alcuni amici a «rubare» alla

[9] *Ibid.*, libro II, cap. 4.

Rinascente. Ci si avvicinava ai banchi con aria indifferente e si acchiappava qualsiasi cosa fosse facile infilarsi in tasca. A volte si trattava di matite colorate, altre volte di cioccolata. Un giorno mi vide un cliente e mi sgridò. «Che fai?» mi disse. E io, più stupido che mai, risposi: «Quello che si può. La vita è fatta per i furbi». Eppure la mia famiglia era benestante e mi avrebbero regalato quello che volevo se solo lo avessi chiesto.

Per quanto riguarda il sesso, invece, il nostro santo aveva le idee chiare: distingueva in modo netto la concupiscenza dall'innamoramento, il rapporto sessuale *una tantum* da un affetto profondo e consapevole. Ed è sempre nelle *Confessioni* che racconta:

A sedici anni non amavo le donne ma l'idea di amare. (...) Poi un brutto giorno sporcai la mia innocenza con l'immondizia della lussuria e oscurai la lucentezza del vero amore con l'inferno del desiderio e dei sensi.[10]

Pare che sia stato sant'Agostino a inventare il Purgatorio.[10] Prima di lui infatti (vedi il mito di Er nel *Repubblica* di Platone) non si conoscevano vie di mezzo: o si saliva nei prati celesti, tra delizie e musiche bellissime, o si sprofondava nell'Ade tra fiamme e tormenti. Sant'Agostino, invece, un giorno, nella sua opera *La città di Dio* scrisse:

O Signore, abbi pietà di me: io so di aver peccato e di non poter sperare nel Paradiso, ma so anche di non essere così cattivo da meritarmi l'Inferno. Avrei bisogno di un luogo di mezzo, un luogo dove poter espiare le colpe che ho commesso, per venire, poi, accolto tra le anime beate.[11]

[10] *Ibid.*, libro III, cap. 1.
[11] Per il Purgatorio consiglio di leggere il libro XXI della *Città di Dio*.

E che altro poteva essere questo luogo se non il Purgatorio? Insomma un parcheggio la cui esistenza induce i cristiani a pregare per le anime in attesa. Il Purgatorio, ancora oggi, ha un grande successo a Napoli, dove si prega più per le anime di serie B che non per quelle di serie A. Ne è nato addirittura uno scambio di favori tra vivi e morti, tutto fatto di preghiere e di numeri da giocare al Lotto.

Altro argomento preferito da Agostino: il tempo. Beh, è fin troppo noto il suo famoso aforisma:

Che cosa è il tempo? Se nessuno me lo chiede lo so.
Se dovessi spiegarlo a chi me lo chiede non lo so.[12]

Per sant'Agostino il passato non esiste in quanto non è più, il futuro non esiste in quanto non è ancora, e il presente non esiste in quanto è una separazione tra due cose che non esistono. Lui sostiene che a questo mondo esistono solo tre tipi di tempo: il presente del passato che è «la memoria», il presente del futuro che è «la speranza», e il presente del presente che è «l'intuizione». Alla fine conclude che il tempo altro non è che una *distensio animi*, un'«estensione dell'anima». Dopodiché si pone la domanda: «Ma che faceva Dio prima di creare l'Universo?». Risposta: «Non faceva niente» giacché il «prima» e il «dopo» sono concetti che si possono riferire solo agli esseri umani e non a Dio. A differenza, quindi, di Platone che s'immaginava Zeus mentre soffiava su una statuina di creta per imprimerle la vita, sant'Agostino vede Domineddio come un eterno presente che non ha rapporti col tempo; il che equivale a dire che «Prima di Dio non c'era nemmeno il Prima». D'altra parte Aristotele già si era espresso in tal senso: «Il tempo» aveva detto «è quel numero che misura la distanza tra il prima e il

[12] Agostino, *Confessioni*, libro XI, cap. 14.

dopo. Ove mai, però, il prima e il dopo non esistessero, neanche il tempo esisterebbe».

Nella *Città di Dio* Agostino sostiene che gli americani, costruendo le loro città e il loro impero, credono di aver costruito la storia, laddove la storia è solo quella della città di Dio. A onor del vero il santo non dice esattamente «gli americani», ma a leggerlo sembra proprio che ce l'abbia con loro. In altre parole, esisterebbero due città del tutto diverse tra loro: quella della carne e quella dello spirito, e, guarda caso, la città dello spirito non è quella dove stiamo vivendo noi oggi, ma la prossima.

Due sono le città della vita, quella fondata sull'amore per se stessi e sul disprezzo di Dio, e quella dove l'amore per Dio si contrappone al disprezzo per se stessi e per il piacere.[13]

Evidentemente, qualcosa di manicheo, tipo l'eterna lotta tra il Bene e il Male, gli doveva essere rimasta appiccicata addosso.

A questo punto non ci resta che parlare del pelagianismo e delle sue conseguenze. Pelagio, che significa «uomo di mare», era un monaco irlandese giunto a Roma all'inizio del V secolo. Detta in due parole, la sua eresia consisteva nel negare l'importanza del peccato originale, e nell'affermare il principio secondo il quale ognuno è responsabile solo dei peccati che ha commesso lui, personalmente. Ebbene, una dottrina così era per la Chiesa una iattura. Nascere con una fedina morale pulita voleva dire non aver più bisogno di un prete che fin dal battesimo ti assolve dal peccato originale. Di fronte ad affermazioni del genere anche sant'Agostino fu costretto a prendere posizione, ragione

[13] Agostino, *La città di Dio*, Rusconi, Milano 1984, p. 516.

per cui affrontò a brutto muso Pelagio e i suoi seguaci, tra i quali il più famoso era Celestio. Nacque così il problema del libero arbitrio che continuerà a imperversare fino ai giorni nostri.

Agostino afferma[14] che insieme a Adamo ed Eva tutta l'umanità ha peccato e che quindi, fin dal primo giorno di vita, ci portiamo addosso questo terribile fardello: il peccato originale. Pelagio, invece, non era d'accordo e se non altro per questo venne condannato dai vescovi, per poi essere espulso da Gerusalemme, dove si era trasferito dopo il suo peregrinare tra Africa e Palestina. Finì in Egitto e di lui non si seppe più niente.

Oggi, però, diciamo la verità, come dargli torto? Darwin con la sua teoria sull'evoluzione ci ha ampiamente dimostrato che Adamo ed Eva non sono mai esistiti, che noi discendiamo da altre forme di corpi. Ora io non so in quale momento del processo evolutivo l'anima mi si sia infilata in petto, se quando ero ancora un essere pluricellulare, un pesce, un rettile, un primate, un *Homo erectus* o un *Homo sapiens,* ma sono sicuro che non si trattava di un'anima peccatrice. E, anche se lo fosse stata, che ognuno si faccia i peccati suoi senza prendersela con i nonni, i bisnonni e i possibili santi Agostini che ha nell'albero genealogico.

14 Agostino, *Sulla grazia e la remissione dei peccati.*

III
Sant'Ambrogio

Quando ero ragazzo l'Inter non si chiamava Inter ma Ambrosiana e aveva come santo protettore sant'Ambrogio. Ogni volta che l'Ambrosiana incontrava il Napoli lo batteva irrimediabilmente, e io, se non altro per questo, la odiavo con tutte le mie forze, e insieme alla squadra odiavo anche il suo santo protettore. Poi, studiando filosofia, conobbi meglio il pensatore e cominciai ad apprezzarlo, soprattutto per quello che disse dell'amicizia.

> *L'amicizia è il sentimento più bello*
> *che un uomo possa provare. Amicizia*
> *significa avere una persona vicina con*
> *cui dividere le gioie e i dolori della*
> *vita e con cui confidarsi nei momenti*
> *in cui si viene presi dalla tristezza.*[1]

Ambrogio è il santo milanese per eccellenza: non a caso nacque in Germania,[2] a Treviri, un po' prima del 340. Oddio, ora che ci penso, anche Carlo Marx è nato a Treviri, e, per quanto ne sappia, non aveva proprio nulla del milane-

[1] Ambrogio, *De officiis ministrorum*, III, 132.
[2] Mi rendo conto che la frase va spiegata meglio: a mio avviso i milanesi sono più tedeschi dei napoletani e proprio Sant'Ambrogio ne è una dimostrazione.

se. Perfino nell'aspetto i due erano diversi: Ambrogio era piccolo di statura, razionale, e aveva il piglio tipico del manager IBM. Marx, invece, un pezzo d'uomo coperto di peli dalla testa ai piedi, più simile a un orango che a un essere umano e con un caratteraccio degno di un terrone. Insomma due persone diverse che più diverse non si sarebbero potute immaginare.

Il santo visse nel periodo storico che separò la fine del paganesimo dall'avvento della religione cristiana. Il passaggio non fu affatto breve. Per qualche anno varie eresie si fronteggiarono, cercando ognuna di prendere il sopravvento sulle altre. In Italia imperversarono i manichei, i seguaci dei riti celtici, gli ariani e perfino i pagani, che ebbero un loro ritorno di fiamma con l'imperatore Giuliano l'Apostata. In particolare Ario, un prete di Alessandria, ebbe un enorme successo con un movimento eretico contrario al dogma della Santa Trinità. Per lui il Padre era l'unica divinità da venerare, in quanto creatore del Cielo e della Terra, il Figlio una creatura e basta, anche se del tutto speciale, e lo Spirito Santo una trovata geniale per giustificare la verginità della Madonna. Da non sottovalutare, infine, la religione fondata da Mani, un sacerdote persiano che concepiva la vita come un'eterna lotta tra il Bene e il Male. Ognuno di noi, diceva Mani, ha sempre al suo fianco due esseri invisibili, un angelo e un diavolo, che lo consigliano in modi diversi. Non ne sono sicuro, ma io, più di una volta, ho sentito una voce che mi consigliava il peggio.

A porre la parola fine alle tante eresie provvide sant'Ambrogio in persona che, un bel giorno, dall'alto del suo magistero disse: «Signori miei, qui c'è solo Gesù: chi ci crede ci crede e chi non ci crede peggio per lui!». E a tale proposito scrisse:

Cristo per noi è tutto.
Se ti duole la ferita, è medico.
Se l'iniquità ti perseguita, è giustizia.

Se la debolezza ti estenua, è forza.
Se la morte ti spaventa, è vita.
Se il cielo ti attrae, è via.
Se il buio ti sommerge, è luce.
Se la fame ti consuma, è cibo.[3]

A sant'Ambrogio va attribuita, inoltre, una strana definizione della Chiesa. Lui la chiamava «la casta meretrice», e questo perché un giorno, commentando il libro di Giosuè, raccontò come gli unici a salvarsi nel crollo delle mura di Gerico furono quelli che vennero accolti dalla meretrice Raab (che, secondo lui, nel testo biblico, simboleggiava la Chiesa).[4] Il che, invece di fargli capire che in tutte le cose, anche nelle peggiori, c'è sempre un lato buono, lo spinse a sostenere che non c'era salvezza al di fuori della Chiesa. E, sempre a proposito di meretrici, sant'Ambrogio si dichiarò nemico acerrimo del trucco. «A dipingere la donna» disse, «ha già pensato Dio. Tu donna, invece, con queste tue ciprie e questi tuoi rossetti finirai col non piacere all'uomo e col dispiacere a Nostro Signore.[5]»

Il primo miracolo compiuto da sant'Ambrogio ci viene raccontato dal suo segretario personale Paolino, uno storico che gli restò accanto fino all'ultimo giorno di vita. Ambrogio era ancora un infante, e stava dormendo a bocca aperta, quando alcune api gli si posarono sulla lingua, e, invece di pungerla, come in genere fanno le api, la cosparsero di miele.[6] Di qui la sua abilità nel parlare. Il santo non era un prete in carriera, anzi, nei primi quarant'anni di vita sembra che non sia stato nemmeno un cattolico osservante: avrebbe voluto fare l'avvocato o tutt'al più il giudice, e invece divenne vescovo per acclamazione popolare. Ciò ac-

[3] Ambrogio, *Expositio in Psalmum*, 36, 36.
[4] Ambrogio, *Expositio evangelii secundum Lucam*, III, 23.
[5] Ambrogio, *Exameron*, TEA, Milano 1995, pp. 256.
[6] Paolino di Milano, *Vita di sant'Ambrogio*, Edizioni San Paolo, 1996.

cadde a Milano il 7 dicembre del 374 (data cara ai milanesi) e solo perché una mattina un ragazzino, vedendo il santo per strada, si mise a gridare: «Ambrogio vescovo!». Il popolo udì la voce dell'innocenza e convalidò la proposta con un lungo applauso. Ebbene, incredibile a dirsi, lui non ne fu affatto contento. Al contrario, fece di tutto per schivare la nomina: arrivò perfino a ospitare in casa un paio di prostitute. «Così mi sputtano» disse «e non mi nominano più.» Tentò anche di scappare da Milano, sennonché, dall'alto dei cieli, Qualcuno gli fece sbagliare strada e il popolo lo riacciuffò quando era appena uscito dalla zona di San Siro. Si racconta che fosse fuggito sul dorso di una mula di nome Betta. Il paese dove venne riconosciuto si chiama ancora oggi Corbetta. Questo perché sant'Ambrogio, fino all'ultimo, avrebbe incitato la mula urlando: «Corri Betta, corri Betta». Certo è che venne eletto a furor di popolo. Comunque, vescovo o non vescovo, ebbe il merito di affermare l'indipendenza della Chiesa dall'Impero; indipendenza che dura tutt'oggi.

Sant'Ambrogio con i due imperatori in carica (di Oriente e Occidente) trattava da pari a pari e questo dette un grande prestigio alla religione cristiana. Una volta impedì all'imperatore d'Oriente, Teodosio, di entrare in chiesa perché la settimana prima, a Salonicco, aveva ordinato una carneficina che era costata la vita a quindicimila abitanti. Un'altra volta cacciò via dal vescovato l'imperatore d'Occidente Valentiniano II solo perché non si era inginocchiato con la dovuta umiltà davanti a un crocefisso. Il che equivaleva a dire che il potere temporale era tenuto a cedere il passo a quello spirituale.

Qualche problema, invece, lo ebbe con Giustina, la moglie, anzi la vedova, dell'imperatore Valentiniano I nonché madre di Valentiniano II. La signora, in quanto ariana, pretese che la basilica Porziana fuori le Mura venisse consegnata ai suoi sudditi ariani, ma sant'Ambrogio si mise a pregare davanti alla basilica e i soldati goti, che erano venuti per occuparla, voltarono gli scudi e, in meno di un minuto, da invasori che erano si tramutarono in difensori. Si dice anche che l'imperatrice provò a farlo uccidere. Incaricò per questo uno stregone che, salito su un tetto, fece sacrifici a Satana affinché incitasse il popolo contro di lui. Ma, anche quella volta, fece fiasco. Era il 2 aprile del 386. Sant'Ambrogio scese tra la gente e fronteggiò da solo le masse popolari. Le accolse dicendo:

Se volete il mio patrimonio, non ho problemi.
Se volete il mio corpo è qui che vi aspetta.
Se volete vedermi in catene ecco le mie braccia
e le mie gambe. Se mi volete ammazzare
ammazzatemi pure: non farò resistenza.
Ma se volete quello che appartiene a Dio,
è solo Dio che ve lo può dare. Chiedete e vi sarà dato.[7]

Insomma, un bel caratterino: come del resto quello di tutti i milanesi.

Gli furono accreditati quindici miracoli tra cui l'aver ridato la vista a un cieco di nome Severo e l'uso delle gambe a una lavandaia paralizzata. Lui le toccò le vesti e lei riprese a camminare. E non basta: la leggenda vuole che accanto al santo camminasse sempre un angelo con le ali. Qualcuno giurava di averlo visto mentre gli suggeriva in un orecchio le cose da dire.

[7] Ambrogio, *Ep. LXXVI.*

IV

San Gerolamo

Sophronius Eusebius Hieronymus, in arte Gerolamo, anche noto come «il leone della religione cristiana», fu il nemico numero uno di tutti i peccatori e, tra i peccatori, mise al primo posto se stesso. Sapeva fare qualsiasi cosa tranne che perdonare e, a questo proposito, riuscì a farsi odiare perfino dagli amici più cari. Una volta il suo discepolo, Rufino di Aquileia, scrisse in un libro che, a suo giudizio, Gerolamo aveva alquanto trascurato Origene. Non l'avesse mai fatto: il santo gli inviò il giorno dopo una lettera intitolata *Apologia adversus libros Rufini*, dove lo «faceva una schifezza». Non parliamo poi dei suoi contrasti con i pelagiani! Pubblicò un libro di rara violenza dal titolo *Contra Pelagianos* e costoro, per vendicarsi, dettero fuoco al monastero dove viveva.

San Gerolamo nacque a Stridone, vicino ad Aquileia nel 347. Una volta maggiorenne si trasferì a Roma e s'innamorò dei classici latini e greci. In men che non si dica divenne il più istruito di tutti i Padri della Chiesa. Era soprannominato *vir trilinguis* per la sua perfetta conoscenza del latino, del greco e dell'ebraico. Recitava Seneca ed Epitteto a memoria, ed è a lui che dobbiamo la celebre traduzione latina della Bibbia (sia dell'Antico Testamento scritto in ebraico che del Nuovo Testamento scritto in greco) detta *Vulgata*, a uso del popolo, che ha rappresentato per secoli il testo sacro dell'Occidente.

Oltre a quella della cultura san Gerolamo aveva un'altra fissa: non sopportava le donne. A differenza di sant'Agostino, che fece quello che fece, lui evitava qualsiasi contatto fisico con l'altro sesso. Era a tal punto nemico dell'eros da non ammettere nemmeno i bagni caldi: a suo dire erano troppo eccitanti. In realtà, poi, non è che evitasse del tutto le donne, in particolare quelle di nobile famiglia. Aveva, ad esempio, una schiera di matrone che si riunivano ogni settimana in casa di una certa Marcella per meglio studiare le Sacre Scritture, e che lo convocavano come coordinatore. La qual cosa suscitò dei pettegolezzi nel quartiere al punto da costringerlo a lasciare Roma e partire per l'Oriente. Vere o non vere che fossero queste dicerie, lui, da quel momento, divise il suo tempo con tale Paola, vedova del senatore Tossozio, e con la di lei figlia Eustochio. Si recarono prima a Cipro, poi ad Antiochia, poi in Terrasanta, e infine in Egitto dove si misero alla ricerca di eremiti persi nel deserto. Una volta stabilitisi a Betlemme, fondarono un monastero doppio, uno per gli uomini e uno per le donne. Il tutto, ovviamente, a spese di Paola che, grazie a Dio, i soldi li aveva. È superfluo aggiungere che in seguito furono nominate sante anche Paola e sua figlia Eustochio. E a proposito di quest'ultima, va detto che quando Gerolamo la conobbe a Roma le inviò una lettera (*Libellus de custodia virginitatis*) dove l'avvisava che una fanciulla può perdere la verginità anche solo col pensiero. Al che gli amici della ragazza se lo misero sotto e lo fecero nero, minacciando di buttarlo nel Tevere se solo gliene avesse scritta un'altra. Lei, invece, la tenera Eustochio, rimase affascinata da Gerolamo al punto da seguirlo da quel momento in poi come un'ombra, finché un brutto giorno, a forza di diete e di astinenze, passò a miglior vita.

Questi trascorsi, comunque, insinuano un dubbio: «Vuoi vedere che san Gerolamo odiava le donne più di quanto non amasse Nostro Signore?». Tanto per dirne una, affrontando il tema dell'onnipotenza divina, lui afferma: «Dio può annullare qualsiasi peccato ma non può cancellare i peccati sessuali. Se una fanciulla ha perso la verginità non gliela può certo restituire. Peggio per lei se l'ha regalata al primo venuto». Dopodiché aggiunge: «So di parlare con audacia, ma Dio, se vuole, può solo lenire l'angoscia di una peccatrice pentita, ma non può assolverla se si è macchiata!». Queste affermazioni gli costarono critiche durissime da parte di più di un pensatore cristiano. Fra le tante, quelle di Pier Damiani che, molti secoli dopo, nel *De Divina omnipotentia* lo accusa apertamente di non credere nei poteri illimitati del Padreterno, per poi concludere: «A detta di Gerolamo, qualsiasi peccato può essere perdonato a eccezione di quelli che hanno a che vedere con le tentazioni della carne, laddove ben altri peccati dovrebbero pesare sulle nostre coscienze!».

Oltre a scrivere testi religiosi, san Gerolamo era anche un accanito lettore, a tal punto che, quando si ritirò nel deserto, si portò dietro un'intera biblioteca. Come a dire: «Toglietemi tutto nella vita ma non mi togliete i libri». Ovviamente alcuni testi li aveva prima censurati. Il libro di Ezechiele, ad esempio, non aveva più i capitoli XVI e XXIII per via di due descrizioni troppo dettagliate degli atti di libertinaggio delle sorelle Oollà e Oolibà. Da segnalare, infine, che, come tutti gli eremiti, anche san Gerolamo ebbe le sue brave allucinazioni erotiche. Puntualmente, infatti, nel deserto, ogni volta che stava per addormentarsi, gli comparivano nel buio delle donne che si spogliavano. Donde pentimenti, autoflagellazioni e lacrime.

Io immagino san Gerolamo disteso sulla sabbia, sotto il sole cocente, con un fazzoletto sulla testa, e con intorno un muretto di libri alto almeno un metro e mezzo. Rimase nel deserto quattro anni, dopodiché se ne tornò ad Antiochia e subito dopo a Roma, dove papa Damaso lo prese in prova come segretario personale. Qualcuno lo accusò di amare più Cicerone che le Sacre Scritture. Gli disse: «Tu, Gerolamo, non sei un cristiano, sei un ciceroniano», e lui, mortificato, s'immerse di nuovo nella lettura dei Vangeli.

Ci fu anche chi lo vide come possibile papa ma, vuoi per il cattivo carattere, vuoi per l'aspetto trasandato, vuoi per la puzza che emanava, non fu mai presa in considerazione una sua candidatura. San Gerolamo andava vestito come peggio non si poteva: stava costantemente a piedi nudi, indossava una pelle di capra e aveva intorno al collo una fune con appeso un crocefisso di ferro che pesava due chili. Insomma faceva schifo. I colleghi lo guardavano con ribrezzo e si turavano il naso ogniqualvolta entrava nelle loro stanze. Aveva quarant'anni e ne dimostrava settanta.

Insomma, se non si fosse ancora capito, Gerolamo aveva un carattere pessimo, era bilioso, invidioso, irascibile e polemico. Coprì sant'Ambrogio e sant'Agostino di insulti. Fra le tante ingiurie accusò il vescovo di Milano di aver copiato dall'opera di Didimo il Cieco. E non basta: litigò anche con la sua amica più cara, la matrona Paola, impedendole di scrivere, di parlare con gli estranei e di uscire di casa.

Morì solo come un cane nel 419. Pace all'anima sua.

V
I barbari

Ognuno di noi italiani avrà avuto almeno un antenato nel V secolo dopo Cristo. Ebbene, chiamiamolo Gaspare e mettiamoci nei suoi panni. Sulla sua testa caddero subito due tegole, l'una più pesante dell'altra: i barbari e la religione. In meno di duecento anni, dal 408 al 569, nonno Gaspare e i suoi discendenti furono onorati dalla presenza dei Visigoti di Alarico, dei Vandali di Genserico, degli Ostrogoti di Odoacre, degli Unni di Attila, dei Franchi di Clodoveo e dei Longobardi di Alboino. Lo slogan era «prego si accomodi». Dal canto suo la Chiesa, grazie a quanto aveva fatto in precedenza sant'Ambrogio, manteneva le distanze dal potere temporale: assisteva imperterrita alle devastazioni, convinta che più dolore ci fosse in giro e più nonno Gaspare si sarebbe meritato il Paradiso. Per il resto si viveva come in una specie di Afghanistan *ante litteram*, dove al posto del Corano c'erano le Sacre Scritture, dove le donne erano costrette a rimanere barricate in casa, dove non era possibile esprimere un'opinione che fosse anche un pochino diversa da quella del potere e dove da un momento all'altro, uscendo di casa, ci si poteva imbattere in un barbaro con le corna sull'elmo e con uno spadone tra le mani. Racconta lo storico francese Duby che ci furono anni di carestia assoluta e che nel V secolo dopo Cristo già arrivare ai quarant'anni era un record.

Gli uomini vivevano in branchi. Dormivano in molti nello stesso letto e, per giunta, non uscivano mai di casa da soli: quelli che si azzardavano a farlo venivano guardati con diffidenza e con paura. Passavano per pazzi o per criminali.[1]

Grazie a un monaco dell'abbazia di Cluny siamo riusciti ad avere perfino un resoconto di che cosa fosse una carestia nel primo Medioevo.

Era piovuto tanto che per più di un anno non era stato possibile lavorare i campi. Da mangiare non era rimasto nulla. Gli uomini avevano preso a ingoiare qualsiasi cosa trovassero in giro. Dopo aver esaurito l'erba dei campi, i cardi, gli uccelli, i serpenti e gli insetti, avevano iniziato a mangiare anche la terra. Poi cominciarono a mangiarsi l'un l'altro e perfino i morti vennero dissotterrati e mangiati un pezzo alla volta.[2]

Francamente, a me il racconto del monaco sembra un po' esagerato, però potrebbe anche non esserlo e ringrazio Dio di avermi fatto nascere in Italia, nel XX secolo, dove, anche volendo, non è possibile morirsi di fame. Basta andare in un ristorante qualsiasi e farsi regalare quello che è avanzato nei piatti dei clienti.

Infine c'erano gli eremiti, quelli cioè che optavano per la solitudine più assoluta pur di non avere contatti con gli altri mortali. Detto fra noi, saranno state anche anime beate, ma con tutto il rispetto per la loro santità praticavano abitudini ripugnanti. C'era chi si rintanava in una grotta, chi andava a vivere nel cuore del deserto e chi si accontentava di mangiare e bere il minimo indispensabile pur di sopravvivere. Quindi c'erano gli *acemeti* (letteralmente «quelli che non dormono») ovvero un gruppo di fedeli che aveva deciso di pregare in continuazione, rinunciando anche al sonno. Chi si addormentava veniva svegliato dal vicino. L'unico momento in cui

[1] Georges Duby intervistato da Chiara Frugoni Settis in *Mille e non più Mille*, Rizzoli, Milano 1994.
[2] È sempre Duby che parla.

potevano dormire era quando crollavano tutti al suolo contemporaneamente. E questo solo per non perdersi quell'angolo di Paradiso sul quale avevano fatto un pensierino. In alcuni ordini religiosi veniva addirittura considerato peccato lavarsi. Molti monaci, infatti, si vantavano di non essersi mai lavati i piedi in tutta la loro vita e chiamavano i pidocchi «le perle del Signore».

A parte san Gerolamo, di cui abbiamo già parlato, ricordiamo san Simeone, lo stilita che visse gli ultimi quindici anni di vita in cima a una colonna alta dieci metri. Di lui si racconta che aveva lunghe conversazioni con tutti quelli che lo andavano a trovare. I visitatori, ovviamente, parlavano dal basso e lui dall'alto. Poi, come non citare sant'Antonio, che in pieno deserto s'immaginava le donne nude che gli facevano capolino da sotto una stuoia,[3] e san Benedetto da Norcia che, appena maggiorenne, si andò a rinchiudere in una caverna dove il cibo gli veniva calato dal soffitto da un altro eremita. Ma anche san Benedetto in quanto a tentazioni ebbe i suoi bei problemi: Satana gli inviava ogni notte, puntualmente, le immagini di una bellissima donna da lui conosciuta in gioventù. Il poverino, per punirsi dei cattivi pensieri, si gettava nudo in un cespuglio di ortiche. Solo così riusciva a mortificare contemporaneamente sia il corpo che l'anima. Poi, dopo tre anni, Dio sia lodato, se ne uscì dall'antro e andò a fondare l'abbazia di Montecassino, in seguito bombardata da un'altra razza di barbari venuta da oltreoceano.

Certo è che le tentazioni sessuali non hanno rispetto per nessuno, in particolare quando si è molto giovani. Il cervello e l'istinto sono due motori separati che vanno ognuno per conto proprio. La mia prima esperienza sessuale fu bellissima, e sarebbe stata ancora più bella se fossimo stati in due.

[3] A proposito di sant'Antonio, da non perdersi il quadro di Domenico Morelli intitolato *Le tentazioni*, esposto a Roma nella Galleria Nazionale d'Arte Moderna.

D'altra parte, chi non ha mai avuto pensieri impuri a quindici anni? Io ne ho avuti moltissimi e li ho risolti tutti da solo nel buio della mia cameretta. Alcune notti non riuscivo nemmeno a prendere sonno: ero perseguitato dalla famosa scena del film *La cena delle beffe*, quella dove Amedeo Nazzari, preso da un impeto d'ira, strappa la camicetta a Clara Calamai scoprendole il seno.[4] Ovviamente, quando andavo a confessarmi da padre Atanasio, mi guardavo bene dal raccontarglielo, ma lui, pace all'anima sua, mi leggeva nel pensiero e non mancava mai di ricordarmi che chi fa certe cose diventa cieco nel giro di dieci anni. Grazie a Dio si sbagliava.

Passando ora dai giovani peccatori ai vecchi santi, a san Benedetto vennero attribuiti molti miracoli. Un giorno i suoi monaci, trovandolo troppo osservante alla regola, decisero di farlo fuori e gli prepararono un bicchiere di vino avvelenato, ma lui, un attimo prima di berlo, ci fece sopra il segno della croce e il bicchiere si frantumò in mille pezzi. Un'altra volta, un contadino stava tagliando un cespuglio di rovi con una roncola, quando la lama dell'attrezzo si staccò e finì in un laghetto. Niente paura: san Benedetto prima recitò un Paternostro, poi infilò il manico della roncola nell'acqua, e la lama si riattaccò da sola. Queste e tante altre cose si raccontano in quel di Cassino.

E i filosofi? *Adda passà 'a nuttata* dissero e per qualche secolo evitarono anche di pensare. L'importante per loro era salvare la pelle. Saranno piuttosto i pensatori arabi, e in particolare Avicenna e Averroè, a riprendere il filo del discorso interrotto sette secoli prima. Nel frattempo ci dovremo accontentare di alcuni filosofi di secondo piano, seppure di tutto rispetto, come Ipazia, Proclo, Boezio e Scoto Eriugena.

[4] *La cena delle beffe*, film del 1941 di Alessandro Blasetti.

VI
Ipazia

Ipazia era una donna eccezionale e, incredibile a dirsi, anche una filosofa. Figlia del matematico Teone, divenne a sua volta un'appassionata di matematica e astronomia. Poi, all'inizio del V secolo, venne messa a capo della scuola neoplatonica di Alessandria d'Egitto dove si distinse per intuito e profondità di pensiero. I suoi corsi, frequentati da moltissimi giovani, avevano come materia base la filosofia di Aristotele e come materie complementari le teorie dei cinici e degli stoici. Il disprezzo per i beni materiali, praticato da Epitteto e da Diogene, era il suo cavallo di battaglia. Ogni volta che ne parlava in aula riscuoteva un grande successo.

L'abilità di Ipazia stava nel fare andare d'amore e d'accordo la Fede e la Matematica, neanche fossero due materie complementari. Come ci riuscisse non l'ho mai capito. Lei, in pratica, cercava di dimostrare l'esistenza di Dio attraverso una serie di ragionamenti matematici e senza mai fare ricorso all'immaginazione dei suoi allievi. Partiva, quindi, da un presupposto: l'esistenza del creato, e arrivava dove voleva arrivare, cioè all'esistenza del Creatore, solo in base a ragionamenti del tipo «uno più uno uguale due». L'ideale per lei sarebbe stato poter terminare ogni lezione dicendo: «Come volevasi dimostrare».

Il tentativo fu molto apprezzato da Sinesio di Cirene, vescovo di Tolemaide, e questo la tranquillizzò alquanto, ma Sinesio, diciamo la verità, era un vescovo per modo di dire:

non a caso, al momento della nomina, pose come condizione prima e irrinunciabile quella di poter continuare a dormire con la moglie.

Chi, invece, l'avversò con tutte le forze fu san Cirillo, il vescovo di Alessandria. Ipazia, oltretutto, aveva contratto un'affettuosa amicizia (magari troppo affettuosa) con l'ebreo Oreste, il prefetto del luogo, che a sua volta era un nemico acerrimo del soprannominato Cirillo. Insomma, per farla breve, le cose si misero subito male per i due amici: fu indetto un *pogrom* di tipo razzista contro gli ebrei e i primi a farne le spese furono per l'appunto Oreste e Ipazia. Lei in particolare, pur non essendo ebrea, fece una fine orribile. Stava viaggiando per i fatti suoi in carrozza, quando venne presa, denudata, trascinata in una chiesa, e fatta a pezzi da tale Pietro il Lettore e da una folla di fedeli inferociti. Le sue carni, infine, tagliate a fettine sottili e gettate nel fuoco. In realtà, da parte del popolo, c'era l'accusa di non essersi comportata da «vera donna», cioè di aver insegnato in una scuola pubblica al posto di un uomo, invece di starsene a casa sua a fare la calzetta.

Aveva quarant'anni quando morì nel 415 d.C.

Commento finale severamente proibito a tutti coloro che odiano la matematica

La domanda potrebbe essere: «È possibile grazie alla matematica dimostrare l'esistenza di Dio?». E la risposta sarebbe: «Dimostrare no, ma intuire sì».

In natura non c'è nulla, ma proprio nulla, che sia uguale a zero o a infinito.[1] Queste due entità, infatti, non sono due numeri, ma due limiti, due traguardi non alla portata dei

[1] Per saperne di più vi consiglio di leggere *Da zero a infinito, la grande storia del nulla* di John Barrow, Mondadori, Milano 2001.

nostri sensi. Il massimo che possiamo trovare è un qualcosa che tende allo zero o all'infinito, senza, però, mai raggiungerli. Non ne parliamo, poi, se ci saltasse in mente di moltiplicarli tra loro! Avremmo un prodotto privo di significato.

Per spiegarci meglio, immaginiamo che zero e infinito siano due numeri camorristi. Ogniqualvolta uno dei due si vede moltiplicato per un altro numero lo fa diventare uguale a se stesso. Pertanto un numero qualsiasi moltiplicato per zero è uguale a zero, e un numero qualsiasi moltiplicato per infinito è uguale a infinito. Al che ci si chiede: «E se moltiplicassimo zero per infinito chi vincerebbe?». La risposta è: «Nessuno dei due e il risultato sarebbe indefinito». Potremmo dire, ad esempio, che zero per infinito è uguale a 27, o a 135, o a 1928 e non sbaglieremmo mai perché tutti e tre questi numeri (27, 135 e 1928) divisi per infinito, darebbero zero e viceversa. A questo punto perché non immaginare Dio come il prodotto di zero per infinito? Riusciremmo a capire meglio il Big Bang, e, magari, anche le dimensioni dell'Universo.

Ora, io non so se Ipazia sia mai riuscita a porsi queste domande, certo è che lo zero e l'infinito hanno sempre stimolato la fantasia di più di un filosofo, a cominciare da Zenone che se ne servì per costruirci sopra il paradosso di Achille e della tartaruga.

Trovare Dio è come fare il salto in alto: l'atleta fa una corsettina e poi, un attimo prima di sbattere contro l'asticella, fa uno zompo. Con la matematica accade più o meno la stessa cosa: con i ragionamenti si fa la rincorsa e con l'intuizione lo zompo. Io vi posso aiutare solo nella rincorsa, per lo zompo, invece, ve la dovete sbrigare da soli.

VII
Proclo

Chi era Proclo? Un filosofo neoplatonico, l'ultimo del paganesimo e il primo del Medioevo. Nacque a Costantinopoli nel 412 circa e visse buona parte della vita ad Atene, dove diresse la più famosa scuola di filosofia del mondo, l'Accademia di Platone. Fu un grande commentatore del *Parmenide*, del *Cratilo* e del *Timeo*, e quando parlava delle trasmigrazioni dell'anima, descritte da Platone, aveva dagli allievi applausi a scena aperta.

A quei tempi il bestseller del momento era *La metafisica* di Aristotele. L'opera veniva citata in ogni occasione da tutti gli intellettuali, ma era anche la meno capita, ragione per cui un bel giorno Proclo e il suo maestro Siriano si stufarono e decisero, di comune accordo, di boicottare Aristotele e di rivalutare Platone. «Vuoi vedere» dissero «che Platone è più bravo di Aristotele? Oltretutto si capisce.»

Proclo, anche noto come l'Hegel del V secolo, scrisse un certo numero di trattati, sei per l'esattezza, tra cui *Il libro delle cause* nel quale stabilì che l'Essere ha tre momenti fondamentali e precisamente:

1) «Il permanere in sé», da lui definito il *moné*.
2) «L'uscire fuori di sé», anche detto il *próodos*.
3) «Il ritornare in sé», noto come l'*epistrophé*.

Che vuol dire? A essere sincero, non lo so, ma posso provare a spiegarlo in due modi diversi: o riferendomi all'Uno di Parmenide, o adattando i tre livelli alla mia persona.

Prima interpretazione: l'Uno è quello che è ed è uguale a se stesso. Dell'Uno non possiamo dare alcuna definizione perché ogni tentativo finirebbe col diventare una diminuzione. Per qualcuno è Dio, per qualcun altro è tutto quello che nella vita non cambia, per qualcun altro ancora è il principio e la fine. Nel medesimo istante, però, si manifesta nel creato e, manifestandosi, cresce di valore. Una volta poi giunto alla fine del progetto, torna di nuovo in sé e s'identifica con l'eternità. (Se lo avete capito sono contento, altrimenti pazienza.)

Seconda interpretazione (quella riferita a me stesso): io sono un essere umano e sono quello che sono. Poi, vivendo, cresco di valore grazie al fatto che incontro altre persone e apprendo da loro. Infine, nell'ultima parte della vita, quando meno me l'aspetto, mi accorgo di essermi avvicinato a Colui che mi ha messo al mondo. Questa seconda interpretazione è più facile da capire se non altro perché è più simile al nostro modo di pensare, ma potrebbe essere riduttiva.

A essere sincero, non è che le tre fasi di Proclo mi abbiano entusiasmato più di tanto! Tutti sappiamo che col passare del tempo peggioriamo all'esterno e miglioriamo all'interno. Quello, piuttosto, che mi fa pensare è la continua preoccupazione dei filosofi medioevali di scoprire l'esistenza di Dio in tutte le manifestazioni del creato. Non si sa se per soddisfare un proprio bisogno, o per paura d'incorrere nella censura delle autorità religiose; certo è che non esiste filosofo del Medioevo che non concluda il suo pensiero senza appellarsi alla Necessità dell'Ente Supremo.

Oltre alla presenza divina, dice Proclo, ci sono nell'uomo delle forze che attraggono e delle forze che respingono, da lui chiamate rispettivamente *Simpatie* e *Antipatie.* Da dove provengano non si sa: se dai nostri antenati, attraverso il

DNA, o dall'avere avuto una gioventù più facile o più difficile. Certo è che esistono e sono determinanti nei rapporti col prossimo. Chi non possiede le *Simpatie,* dice Proclo, eviti di esercitare quei mestieri che hanno a che fare con le masse. In politica, ad esempio, conta molto di più la simpatia del leader che non le sue ideologie. Lo stesso si può dire per coloro che si dedicano allo spettacolo. Chi non è simpatico è meglio che si dedichi ai lavori individuali, quali l'artigianato o la coltivazione dei campi. Proclo, invece, proprio grazie alle *Simpatie,* partecipava a delle sedute teurgiche durante le quali riusciva a mettersi in contatto con le potenze divine, il tutto con l'aiuto della figlia di Plutarco di Atene[1] che gli faceva da medium.

Per concludere, Proclo ci consiglia di preoccuparci più dell'anima che del corpo. Nella vita terrena, dice, è stato già tutto deciso: la Necessità, ovvero il Destino, conosce il nostro futuro nei minimi particolari.

Per quanto riguarda, invece, la vita eterna è ancora tutto da decidere: tocca a noi scegliere il tipo di eternità che ci piacerebbe vivere. Comportiamoci bene e saremo ricompensati.

Proclo scrisse molto. Temendo, però, di non essere letto, e quindi capito, ricorse a uno stratagemma: firmò tutti i suoi trattati col nome di Dionigi l'Areopagita. Quindi, mise in giro la voce che questo Dionigi altri non era che un filosofo vissuto nel I secolo d.C., allievo di san Paolo di Tarso, convertitosi alla religione cristiana davanti all'Areopago.

È doveroso aggiungere che non tutti gli storici della filosofia hanno creduto alla storiella dello pseudo-Dionigi e che, ancora oggi, c'è chi è convinto che siano esistiti en-

[1] Da non confondere con il più noto Plutarco di Cheronea, il celebre autore delle *Vite parallele,* vissuto tre secoli prima.

trambi, sia Proclo che Dionigi. A ogni modo, chiunque sia stato l'autore del *Libro delle cause* non è che dentro si trovino chissà quali rivelazioni. Tutti e due si sono sforzati di conciliare il neoplatonismo con il cristianesimo, e tutti e due hanno sostenuto la superiorità dell'Uno e la trascendenza di Gesù, senza però per questo aggiungere nulla che meritasse di passare alla storia. Insomma, detto fra noi, e senza farsi sentire dai professori di filosofia, si potrebbero anche dimenticare.

VIII
Boezio

Anicio Manlio Torquato Severino Boezio era quello che si dice un *romano de Roma*. Nacque infatti a Roma[1] nel 475 quando in Italia a comandare c'erano solo i Goti e le loro diramazioni: Visigoti e Ostrogoti. Si sposò non ancora maggiorenne con Rusticiana, una figlia di Simmaco, un grande oratore pagano, dopodiché si trasferì ad Atene per studiare la filosofia, quella vera, e infine se ne tornò in Italia dove intraprese la vita politica. Ora, grazie ai buoni rapporti che era riuscito a intrecciare con l'imperatore Teodorico, fece all'inizio una carriera eccezionale: a trent'anni era già console dell'Impero, a quaranta Maestro di Palazzo e a cinquanta Primo ministro. Purtroppo per lui, però, tutto finì da un giorno all'altro, per colpa di un fetentone di nome Cipriano, capo del partito filogotico.

Cipriano lo accusò di aver inviato due lettere anonime al sovrano Teodorico contenenti minacce e maleparole. Inutilmente il poverino cercò di scagionarsi. «Non le ho scritte io, lo giuro, non le ho scritte io!» urlò con quanto fiato aveva in gola. Ma non ci fu nulla da fare: i senatori residenti a Roma (a «cinquecentomila passi di distanza» per dirla con parole sue) lo condannarono per tradimento, magia e spiritismo.

[1] Per alcuni, invece, ad Alessandria d'Egitto.

Che cosa poi c'entrassero la magia e lo spiritismo non si è mai capito. Comunque, lo rinchiusero in una torre, a Pavia, e dopo un anno gli misero una cordicella intorno alle tempie e tanto la strinsero finché non gli videro uscire gli occhi fuori dalle orbite. Meno male che sfruttò la tranquillità del carcere per scrivere il *De consolatione philosophiae,* un capolavoro assoluto in cinque libri (così gli antichi chiamavano i capitoli) che lo rese famoso in tutto il Medioevo. Il suo corpo riposa nella chiesa di San Pietro in Ciel d'Oro, a Pavia, accanto a quello di sant'Agostino. Immagino che tra i due, la notte, quando in chiesa non c'è nessuno, ci siano accese conversazioni.

Severino Boezio potrebbe essere considerato il Socrate dei Secoli Bui, se non altro perché le cose più belle le ha tutte scritte in carcere poco prima di morire. Come Socrate affermò il principio secondo il quale non conviene essere cattivi. «Chi si comporta male» era solito dire, «è innanzi tutto uno stupido dal momento che i buoni vivono meglio dei cattivi!» E aggiungeva: «Nella vita il segreto è comportarsi bene: il resto non conta». Nel secondo libro del *De consolatione,* al paragrafo ottavo, il buonuomo ci spiega come ogni cosa sia governata dall'amore:

L'amore regge il mare, la terra
e il cielo. Ma se poco poco allenta
il freno tutte le cose che fino a quel
momento si amavano si faranno guerra
tra loro e si autodistruggeranno.
Felici coloro che all'interno
del loro animo hanno lo stesso amore
che regge il cielo, la terra e il mare![2]

[2] Boezio, *De consolatione philosophiae,* lib. II, par. 8.

A Boezio dobbiamo le traduzioni di varie opere di Aristotele, quali l'*Organon*, cioè gli *Analitici primi*, gli *Analitici secondi*, i *Topici*, ecc., e chissà che non sia stato lui il primo a farci capire le categorie aristoteliche. Filosofo cristiano (ma sotto sotto anche pagano), cercò in ogni modo di conciliare le due religioni, il paganesimo e il cristianesimo. Parlando dei Greci dice: anche Omero credeva in un unico Dio, salvo poi dargli nomi diversi a seconda del problema che doveva risolvere in quel momento, e così Dio una volta diventa Ares e un'altra volta Efesto. Martin Grabmann definì Boezio «l'ultimo dei Romani e il primo degli scolastici».

Nel *De consolatione* parte subito con una confessione.

> *Io che un tempo con giovanile ardore scrissi*
> *prose e versi arditi, or sono costretto, ahimè,*
> *a intonare, piangendo, questi tristi canti.*[3]

Poi prosegue con il racconto di un sogno, anzi di una visione:

> *Mi sembrò di vedere dritta, davanti a me, una donna di aspetto assolutamente venerabile. Aveva gli occhi sfavillanti più della normale capacità umana, sebbene fosse in età così avanzata da non poterla ritenere della mia epoca. A volte era alta come me, altre volte sembrava sfondare il tetto della cella e toccare il cielo col capo.*

E chi era questa donna? Era nientepopodimeno che la Filosofia. Non una fanciulla, quindi, non una top model, ma un'anziana signora dalla presenza inquietante. La sua veste era tessuta a regola d'arte, pur essendo lacerata in più punti.[4]

3 *Ibid.*, lib. I, 1.
4 *Ibid.*, lib. I, 6.

«Erano stati i filosofi» c'informa Boezio «che con le loro continue dispute le avevano procurato quegli strappi.» Nei versi successivi, poi, ci dà ulteriori ragguagli sul vestito.

> *In basso, quasi sull'orlo della gonna, intravidi*
> *due lettere: una Theta e una Pi-greco, ovvero*
> *le iniziali di Teoria e di Pratica, i due estremi*
> *entro i quali ancora oggi ci si accapiglia.*[5]

La Filosofia gli si avvicinò: con una mano reggeva una pila di libri e con l'altra uno scettro. Quindi si sedette accanto a lui, sulla sponda del letto, e gli disse:

> *Non sei tu quello che, nutrito del mio latte, eri*
> *giunto a una condizione forte e matura? Guarda*
> *ora come ti sei ridotto! E pensare che ti avevo*
> *portato delle armi molto valide per affrontare*
> *qualsiasi avversità, e tu che cosa ne hai fatto?*
> *Le hai gettate via per primo. E adesso perché taci?*
> *Perché resti lì come un asino che sta ascoltando*
> *una lira? È la vergogna o lo sbigottimento quello*
> *che ti angoscia? Preferirei fosse la vergogna.*
> *Temo, invece, che si tratti di sbigottimento.*[6]

Al che lei si chinò su di lui e con un lembo della veste gli asciugò gli occhi pieni di lacrime. Insomma, se non si fosse ancora capito, la Filosofia voleva bene a Boezio.

Nel secondo libro del *De consolatione* la signora gli spiega come funziona la Fortuna. «È simile a una ruota» gli dice, «a volte ti porta in alto e altre volte in basso.» Ma lui, Boezio, non si poteva lamentare, dal momento che in più di un'occasione, da giovane, si era trovato in cima. Poi, certo,

[5] *Ibid.*, lib. I, 5.
[6] *Ibid.*, lib. II, 3.

con l'età, qualche momento basso lo avrà pure avuto. Attenzione, però, a non confondere il piacere con la Felicità! «La Felicità» precisa la Filosofia «la si ottiene con l'Essere e non con l'Apparire, se non altro perché il Sommo Bene, quello vero, coincide con Dio.»

Interessante, poi, in Boezio, la distinzione tra Fato e Provvidenza.

> *La Provvidenza è riposta nella razionalità*
> *dell'Essere Supremo, laddove il Fato dipende*
> *solo dalla casualità del vivere.*[7]

E più avanti:

> *Come il ragionamento sta all'intuizione,*
> *come l'essere generato sta all'Essere in sé,*
> *come la circonferenza sta al centro, come*
> *il tempo che passa sta all'eternità, così*
> *il corso mutevole del Fato sta alla immutabile*
> *semplicità della Provvidenza Divina.*[8]

Il che, tradotto in termini terra terra, vuol dire: se vi capita qualcosa di buono siatene grati a Dio, se, invece, vi capita qualcosa di cattivo ve la dovete prendere col Destino. Per ottenere la Provvidenza bisogna elevarsi al di sopra delle vicende umane e mettersi in contatto con la sfera divina. Sull'argomento dirà la sua anche Dante Alighieri.[9] Ogni contingenza, precisa, è già dipinta nella mente di Dio. Ciò non toglie che il percorso della nave viene sempre scelto da colui che la governa, ragione per cui, se qualcosa va storto, prendetevela con voi stessi che non avete saputo governare

[7] *Ibid.*, lib. IV, 9.
[8] *Ibid.*, lib. IV, 15.
[9] Dante, *Divina Commedia*, Paradiso, canto XVII, 37-42.

la nave e non con Dio che lo sapeva in anticipo. Io, invece, chissà perché, me la prendo sempre con il Divino, sia quando mi va bene che quando mi va male.

Riassumendo, Boezio prova a far convivere la Fede col Dubbio, la Religione con la Filosofia e l'Essere con l'Essenza di Dio, ma non sempre ci riesce. Hai voglia a dire *ipsum esse,* ma se non hai dentro un pizzichino di Fede, non ce la farai mai a credere in un Ente Supremo! Tuttavia non dobbiamo nemmeno farci troppo condizionare dalla razionalità. A volte, suggerisce Boezio, è preferibile guardare il mondo con gli occhi della speranza che non con quelli della ragione. E, a tale proposito, citando Aristotele, dice: «Se guardiamo Alcibiade non possiamo fare a meno di ammirarne la bellezza, ma se lo potessimo vedere anche nelle viscere, inorridiremmo per lo schifo».

È, comunque, sorprendente che Boezio, teologo cristiano, pur trovandosi a un passo dalla morte, chieda aiuto più alla Filosofia che a Dio. Forse imita un po' troppo il Socrate dell'ultimo giorno, quello raccontato da Fedone. Tenuto conto, però, che tutto questo ce lo scrive mentre sta in galera, lo si perdona volentieri.

IX

La Scolastica

Per gli intellettuali del Rinascimento la parola «Scolastica» era una malaparola: stava a indicare un luogo retrogrado e bigotto dove venivano impartiti, spesso e volentieri anche con la frusta, alcuni principi religiosi. La Scolastica, invece, almeno nei primi tempi, fu una delle intuizioni più felici che ebbe l'imperatore Carlo Magno. Nel 782, infatti, Carlo Magno fondò ad Aquisgrana una scuola denominata *Schola Palatina* e ci mise a capo un monaco di sua fiducia, un certo Alcuino di York, del quale, però, non so assolutamente nulla. Subito dopo cominciarono a fiorire un po' dappertutto *scholae* e scuolette, più o meno religiose. I ricchi ci mandarono i figli e i ragazzi più bravi fecero carriera.

Nasce così la Scolastica, ovvero il primo serio tentativo di combattere l'ignoranza e la superstizione nel Medioevo. Ma che cosa insegnava la Scolastica? Innanzi tutto le materie del trivio, che, sia chiaro, non avevano nulla a che vedere con i trivi delle lavoratrici del sesso, ma che comprendevano la Retorica, la Grammatica e la Dialettica. Nei corsi superiori, invece, venivano affrontate le materie del quadrivio, ovvero l'Aritmetica, la Geometria, la Musica e l'Astronomia; un po' come ai nostri tempi c'è il liceo classico e il liceo scientifico.

Prima, però, di fare di ogni erba un fascio, dobbiamo distinguere tre periodi della Scolastica: quello che ha inizio nel 782, con Carlo Magno, e arriva fino alla fine dell'XI secolo, quello che comprende il XII e il XIII, e quello che va dal XIV fino all'inizio del Quattrocento.

Nel primo periodo la Scolastica stava in mano ai monaci e ai preti e dedicava tutta la sua attenzione alle materie che avevano a che fare con la religione, lasciando quelle più tecniche ai privati.

Nel secondo periodo, i due tipi di scuola si fusero in un unico corso di studi e finirono con l'avere una sola sede d'insegnamento. E, sempre a proposito di sedi, si divisero in parrocchiali, monacali, episcopali, palatine o di piazza, a seconda del luogo dove venivano impartite le lezioni.

Poi, a partire dal XII secolo, l'umanità cominciò a viaggiare e l'economia passò da una fase puramente agricola a una fase di marketing. Si svilupparono i commerci e aumentarono gli scambi di prodotti tra paesi a volte anche molto distanti tra loro o divisi dai mari. Al che la Scolastica fu costretta a adeguarsi alle richieste del mercato e ad aumentare il suo campo d'interessi. Nacque così la contrapposizione tra la *sapientia* (quella dei monaci) e la *scientia* (quella degli intellettuali).

Nel terzo periodo, infine, nacquero le prime *Universitates*. All'inizio erano solo dei luoghi privati, noi oggi diremmo dei club, dove s'incontravano i professori e gli studenti per potersi scambiare le idee con maggiore libertà. Fra le più antiche ricordiamo quelle di Ravenna, Pavia, Bologna, Padova e la mia tanto amata Università di Napoli, la «Federico II».

Le lezioni erano costituite da tre parti: la *lectio*, nella quale veniva letto un testo classico nel più assoluto silenzio, la *quaestio* dove si contrapponevano due relatori di idee diverse (l'*opponens* e il *respondens*, nominati dallo stesso maestro) e la *disputatio*, dove intervenivano gli studenti e dove venivano esaminati tutti i *pro* e i *contra* del testo. Attenzione, però, a non confondere la *disputatio* con il dibattito. La *disputatio* altro non era che un espediente per dar modo al maestro di esporre meglio quanto aveva appena letto nella *lectio*. Come dire: democratici sì, ma fino a un certo punto.

Nella prima fase la filosofia veniva vista come un'*ancilla theologiae*, ovvero come una serva della religione. La definizione non è mia, ma del già citato Pier Damiani, un monaco incazzoso, del tutto privo di senso dell'humour, con il quale era difficile anche ragionare. La Fede, a suo dire, doveva avere sempre la precedenza, pena la scomunica immediata. Chi voleva essere promosso avrebbe fatto bene a non dimenticarselo. Il risultato finale fu che, per dare un minimo d'istruzione ai propri figli, bisognava fare prima la seguente scelta: o ignoranti o bigotti.

Nella seconda fase, invece, quella che va dal XII al XIII secolo, Fede e Ragione cominciarono a prendere le distanze, per poi finire nella terza e ultima fase l'una contro l'altra armate. Le dispute tra nominalisti e realisti divennero così feroci da costringere gli organizzatori a inserire un pannello di legno a metà cattedra, per impedire ai due oratori di venire alle mani.[1]

Ma qual era la differenza principale tra il modo d'insegnare degli antichi Greci e quello della Scolastica? È presto detto: all'epoca di Pericle c'erano degli uomini saggi, ciascuno circondato da un gruppo di allievi, che camminavano su e giù per le strade di Atene parlando del Bene e del Male. I discepoli ascoltavano con la massima attenzione e di tanto in tanto interrompevano il maestro per fargli delle domande. In genere non esisteva un tema fisso: si discuteva a braccio, ed erano quasi sempre gli allievi a proporre gli argomenti. Si discuteva dell'anima, dell'amore, dell'essere, del divenire, delle leggi e chi più ne ha più ne metta.

Ebbene, come già raccontato altre volte, anch'io ho avuto un'esperienza del genere. Avevo appena compiuto diciannove anni e frequentavo il primo anno d'ingegneria, quan-

[1] Georg Wilhelm Friedrich Hegel, *Lezioni sulla storia della filosofia*, III/1, La Nuova Italia, Firenze 1985.

do mi scelsi come Socrate personale il professore Renato Caccioppoli,[2] il famoso matematico napoletano. Lo andavo a prendere a casa, alle otto del mattino, insieme ad altri tre colleghi, a palazzo Cellammare, in via Chiaia, per poi accompagnarlo all'università. A volte si andava a piedi, altre volte, invece, quando pioveva, in tram dove ognuno si faceva il suo biglietto. Quando stavamo per strada, lui camminava un metro avanti a tutti e parlava. Noi lo seguivamo come ombre senza perderci nemmeno una parola. Quando poi non si era d'accordo glielo dicevamo con la massima franchezza e lui, sempre senza voltarsi, spiegava meglio il suo pensiero, oppure ci diceva: «Va bene, come volete voi. Adesso, però, datemi il tempo di pensarci sopra e domani mattina avrete la risposta», salvo, poi, aggiungere: «L'importante, comunque, quando si ragiona, è non usare il cuore ma il cervello». Poi, un brutto giorno, quasi a volersi smentire, si suicidò e noi lo perdemmo per sempre. Pare che abbia seguito da lontano la donna che amava e che l'abbia vista mentre si imbarcava per Capri con il suo nuovo amante. Certo è che, come tornò a casa, si sparò un colpo di rivoltella, giusto al cervello.

2 Per saperne di più cfr. il cap. XIII della mia *Storia della filosofia greca*, vol. II, Mondadori, Milano 1986.

X
Giovanni Scoto Eriugena

Fra le tante cose che non ho capito della storia della filosofia c'è il perché Giovanni Scoto Eriugena si chiamasse Scoto Eriugena. Per alcuni si chiamava Scoto perché era nato in Scozia e per altri Eriugena perché era nato in Irlanda (dalla forma celtica *Eriu* = Erin, «Irlanda»). L'unica spiegazione possibile è che, quando nacque nell'810, Scozia e Irlanda fossero un unico paese. A ogni modo, dovunque fosse nato, il nostro si sistemò in Francia, presso la corte di Carlo il Calvo, e prese la direzione della *Schola Palatina.* Ciò premesso, cerchiamo di capire che cosa disse di tanto importante da meritarsi un posto di tutto rispetto nella storia della filosofia medioevale.

Per Scoto Eriugena la Fede e la Ragione, in quanto create dalla stessa Persona, non potevano essere nemiche tra loro. Che noi si voglia credere in Dio perché ne avvertiamo la presenza (o il bisogno) nel profondo dell'animo, o che noi si arrivi alla sua esistenza attraverso una serie di ragionamenti più o meno complessi, sempre lì andiamo a finire: nella necessità di avere un Creatore che abbia messo in piedi tutta la baracca. L'errore di Scoto Eriugena, piuttosto, fu quello di valutare, almeno agli inizi, la Ragione un filino più importante della Fede. L'aver affermato, cioè, sia pure una volta sola, che la filosofia, volendo, poteva essere un'alleata preziosa della religione, se non addirittura una scorciatoia per arrivare prima alla comprensione di certe cose, gli procurò critiche a non finire: venne condannato da due concili, quello dell'855 e quello dell'859. Si fosse limitato a dire: «Va' dove ti porta il cuore», come ha scritto qualche anno fa una mia celebre collega, non avrebbe avuto tanti fastidi.

Giovanni Scoto Eriugena diceva pressappoco così: «Aprite gli occhi e guardatevi intorno: se vedete un mondo che cresce, che si agita, che vi parla, che vi stimola, dovete per forza ammettere che c'è stato Qualcuno che gli ha dato il via. Ebbene, perché si sappia, questo Qualcuno è Dio, e Dio è tutto quello che ci circonda: Dio è l'Acqua, l'Aria, la Terra, il Fuoco, le Stelle, il Sole, il Vento e il Leone. Ma è anche la Verità, la Bontà, l'Essenza, la Luce e la Giustizia... e scusate se è poco». Il che non vuol dire sopravvalutare la Natura e trascurare la Fede, per carità, bensì fare appello anche alla Natura perché ci dia una mano nel credere.

A ogni buon conto, dopo la condanna, Giovanni Scoto divenne, se possibile, ancora più prudente. «Senza la Ragione» disse, «la Fede è lenta e senza la Fede la Ragione è vuota.» Pur tuttavia noi ci chiediamo: «Ma cambiò parere perché voleva pararsi le spalle o perché era davvero convinto che la Fede fosse la massima virtù esistente al mondo?». Certo è che a quei tempi bastava farsi scappare un «forse» mentre si parlava per mettersi nei guai.

Nella sua opera principale, il *De divisione naturae*, Giovanni Scoto Eriugena distingue quattro Nature diverse:

1) La Natura creante, ovvero Dio, che sta all'origine di tutte le cose.

2) La Natura creata e creante, ovvero Gesù e il Verbo che sono stati creati, ma che a loro volta hanno creato, o, per meglio dire, hanno diffuso una religione.

3) La Natura creata e non creante, ovvero il mondo che ci circonda in tutte le sue manifestazioni umane e non umane.

4) La Natura non creata e non creante, ovvero di nuovo

Dio ma questa volta sotto forma di vita eterna. Un mondo, cioè, che conosceremo di persona. Il più tardi possibile, aggiungo io.

L'uomo, precisa Giovanni Scoto Eriugena, riunisce in sé più di una Natura: quando è piccolo somiglia a un angelo, quando è adulto diventa un animale, e quando è vecchio muore come un verme. Ebbene, perché si sappia, io la penso proprio al contrario: evidentemente il filosofo giudicava l'uomo solo dal suo aspetto esteriore. Malgrado i miei settanta e passa, infatti, non mi sento per nulla un verme, anzi, più vado avanti negli anni e più mi vedo attraente: se mi confronto col giovanottello di quando avevo diciotto anni, penso di essere diventato più buono, più intelligente e più sensibile: non passa giorno, infatti, che non mi commuova per qualcosa. Proprio ieri ho rivisto *Luci della città* con Chaplin e alla fine sono uscito dal cinema in un mare di lacrime.

Altro concetto interessante di Giovanni Scoto Eriugena è quello relativo al peccato. Alcuni sono convinti che Dio, volendo, in quanto onnipotente, potrebbe fare in modo che gli uomini non commettano più peccati. «Ma poi» obietta il brav'uomo «che valore avrebbe una vita portata a termine senza peccati se non ci fosse la possibilità di farli e di non farli?»

Nel suo trattato *De divina praedestinatione* il filosofo difende tutte le libertà dell'uomo, compresa quella di peccare, e dice testualmente: «Non avrebbe senso proibire una cosa che non si può commettere». Su questo problema sorse una disputa interminabile tra il monaco Gotescalco di Fulda e il vescovo Incmaro di Reims, suo diretto superiore. Il primo sosteneva il principio secondo il quale tutto era stato già stabilito da Nostro Signore, laddove il secondo difendeva il libero arbitrio.

«Già prima della nascita» diceva Gotescalco «Dio sa chi di noi andrà in Paradiso e chi all'Inferno.»

«Niente affatto» rispondeva Incmaro, «ognuno è artefice del proprio futuro.»

«E con questo che vuoi dire?» insisteva Gotescalco. «Che Dio certe cose non è in grado di saperle?»

«Nossignore, per saperle le sa» ribadiva Incmaro, «ma non è stato Lui a deciderle. Dio si limita a conoscerle prima.»

Eriugena scelse una posizione intermedia: divise gli uomini in due gruppi distinti, gli eletti e i malvagi. Per i primi, disse, Dio aveva già deciso il futuro: avrebbero avuto una vita senza peccati e sarebbero finiti tutti in Paradiso. Per i secondi, invece, continuava a esserci un filo di speranza dal momento che era sempre possibile pentirsi. Nascere malvagi, quindi, per Scoto Eriugena, non era una condanna senza appello: ci si poteva sempre aggregare al gruppo degli eletti negli ultimi istanti di vita. Il fatto, poi, che Dio lo sapesse in anticipo non rappresentava di per sé un condizionamento.

Giovanni fu ucciso da uno dei suoi allievi all'uscita dalla scuola, ma non se ne conosce il motivo. Probabilmente per aver tormentato troppo qualche discepolo con le sue domande sulle Nature possibili. Per alcuni, invece, il mandante sarebbe stato lo stesso imperatore, offeso da una battuta infelice scappata al filosofo durante una cena. Si racconta che stavano a tavola, seduti ai due estremi, e che Scoto avesse un po' bevuto. Più volte, infatti, aveva messo in difficoltà gli ospiti dell'imperatore con domande imbarazzanti. Giunti a fine pranzo, Carlo il Calvo gli chiese: «Che differenza c'è tra uno sciocco e uno Scoto?», e lui, senza starci troppo a pensare, rispose: «La lunghezza di questa tavola, sire». Il giorno dopo, salute a noi, venne trovato per strada, nei pressi della scuola, con un coltello conficcato nella schiena.

XI
Avicenna

Giunti a questo punto, lo scettro del pensiero filosofico cambia mano e passa dai cristiani agli islamici, e quando dico islamici non mi riferisco alle immagini viste in televisione in questi ultimi tempi, ovvero ai talebani con i turbanti in testa e le barbe lunghe trenta centimetri, ma a un gruppo di pensatori che visse tra il IX e il XII secolo dopo Cristo. È bene che si sappia, infatti, che tra gli islamici ci sono state, e ci sono tuttora, fior d'intelligenze che meritano tutto il nostro rispetto. Ciò premesso, come ai tempi di Costantino ci fu il conflitto tra il cristianesimo e la filosofia, così, nei dintorni dell'anno Mille nacque un gigantesco scontro tra la religione islamica e la Ragione. Un folto gruppo di filosofi, chi più bravo, chi meno bravo, tipo al-Masarrah, al-Kindi, al-Farabi, al-Ghazzali, Avicenna e Averroè, non fece altro che cercare di far andare d'accordo il pensiero di Aristotele con il Corano, e, per usare le parole del mio professore del liceo, furono «cavoli amari», dove per «cavoli» lui alludeva a certi attributi maschili che nel 1948, in una classe mista, non avrebbe mai potuto nominare.

Avicenna, anche detto Ibn-Sina (980-1037), era un medico molto stimato nel suo ambiente, e sarà stato anche per questo che scrisse un libro intitolato *La guarigione*. Da ragazzo, a soli diciassette anni, acquistò per caso la *Metafisica* di Aristotele e ne rimase scosso. È lui stesso a confessarcelo in un'autobiografia: «Lo lessi più di quaranta volte e non ci capii mai niente. Non può essere, dicevo a me stesso, non può essere: debbo capirci qualcosa! E tanto feci e tanto sudai su quelle pagine che alla fine un filo logico riuscii a trovarlo».

Ma che cosa capì Avicenna di Aristotele? Che l'Essere deve per forza esistere e per arrivarci fece il seguente ragionamento: il creato ha bisogno di un Creatore (e fin qui siamo tutti d'accordo) ma anche il Creatore per sentirsi creatore ha bisogno di un creato, altrimenti che creatore è? Ovviamente Avicenna non lo dice così, semplice semplice, ma con parole più ricercate. E non basta: una volta dimostrata la necessità dell'esistenza del Creatore, prosegue nel suo ragionamento e afferma: «La necessità dell'Essere in tanto è sentita in quanto esiste, e non potrebbe non esistere, o esistere in modo diverso, se non esistesse davvero». Detto ancora con altre parole: «Le cose naturali sono necessarie e, in quanto necessarie, vengono da un processo che ha come premessa logica la Necessità, quest'ultima intesa come esistenza di Dio». Chiedo scusa ai lettori, ma più chiaro di così non lo riesco a dire. Se non vi sta bene pigliatevela con Avicenna.

Purtroppo, però, il nostro filosofo, oltre a essere un medico era anche un astrologo, e questo gli conferisce un modo di ragionare che con Aristotele non ha niente a che vedere. Se l'essere umano, dice l'astrologo Avicenna, conoscesse a perfezione i movimenti degli astri potrebbe predire il futuro con estrema esattezza. Tutto dipende, dice lui, dalla differenza esistente tra ciò che è possibile e ciò che è necessario. Le cose piacevoli non sempre sono possibili, quelle spiacevoli, invece, Dio solo sa perché, sono necessarie e non si possono evitare. Bisogna rassegnarsi.

Un argomento trattato a fondo da Avicenna è stata l'immortalità dell'anima. A suo dire, ognuno di noi non avrebbe una sola anima ma due: una di qualità scadente, detta anche «anima passiva», che ha bisogno di un corpo per esistere e che può sperare solo nella reincarnazione, e una più bella, detta «anima attiva», che, essendo di qualità superiore, una volta esalato l'ultimo respiro, finirebbe dritta dritta nella Mente di Dio insieme a tutte le altre anime elette. Per essere più precisi, Avicenna è convinto che ognuno di noi è un individuo con un corpo e due anime, ma che un domani, ove mai venisse prescelto, finirebbe dritto dritto nella Mente di Allah. Ebbene, perché sia chiaro, a me non piace nessuna delle due prospettive.

Per quanto riguarda la prima, quella dell'anima scadente, non ho mai creduto nella reincarnazione. Che senso ha, mi chiedo, essere stato cinque secoli fa Leonardo da Vinci se poi non me lo ricordo! Per quanto riguarda, invece, la seconda, quella di finire nella mente di Allah, pur ringraziando per l'onore, la cosa che più mi spaventa sarebbe la noia: vivere in eterno insieme a tante altre anime, tutte accalcate le une sopra le altre, e senza avere assolutamente niente da fare, nemmeno il suicidio, mi annoierebbe da morire. Oddio, ho detto «morire»! Evidentemente non ho capito Avicenna!

E ora mi toccherebbe parlare degli Universali. Ebbene, l'ho già detto nella premessa: nessun tema filosofico è stato mai più noioso degli Universali. Perché, poi, tanti uomini di pensiero si siano affannati a parlarne non si è mai capito. Forse per dimostrare la loro bravura dialettica.

Il primo a tirarli in ballo fu Porfirio di Tiro nell'*Isagoge*, un'introduzione alle *Categorie* di Aristotele. Ma, a onor del vero, l'inventore degli Universali fu Platone che nel mito della caverna li fa camminare travestiti da Idee. Ora, però, ci tocca parlare di quelli di Avicenna. Di che si tratta? Per capirlo facciamo un esempio: io sono un essere vivente, per l'esattezza un animale, ma sono anche un bipede di carnagione chiara, con gli occhi azzurri, nato in Italia, a Napoli, e via via, restringendo il campo, arrivo a dire quanto sono alto, quanto grasso, quanto vecchio e quanto incazzoso. In pratica sono partito da caratteristiche universali, per arrivare a caratteristiche individuali. Resta da stabilire fino a che livello una definizione può fregiarsi del titolo di «universale» e da che punto in poi è solo «individuale». E, infine, a cosa serve tutta questa fatica? A dimostrare che c'è stato Uno (uno con la U maiuscola) che prima li ha immaginati e poi li ha seminati dentro di noi.

Allah, dice Avicenna, prima di creare il cavallo doveva avere già in testa l'idea del cavallo. Esiste, quindi, la «cavallinità», ovvero un qualcosa di comune a tutti i cavalli che sta anche nel nostro cervello e che, ogni volta che vediamo un cavallo, ci fa esclamare: «Questo deve essere un cavallo!». Matematicamente parlando la «cavallinità» sarebbe il minimo comune multiplo di tutti i cavalli. Ma non basta: a rifletterci bene, non esistono due «individui» che siano perfettamente uguali. Nemmeno i gemelli lo sono. La mia amica Isabella Rossellini, ad esempio, ha una gemella che è completamente diversa da lei, sia nello sguardo che nel carattere. E anche Caino e Abele, diciamo la verità, erano alquanto diversi, se non per il fisico, almeno per il comportamento. Ciò nonostante ci sono delle caratteristiche che li accomunano.

Avicenna, per finire, ci spiega il Male, senza mai, però, addebitarlo a Nostro Signore.

Dio si è limitato a dare l'avvio. Se poi
il mondo, qualche volta, se n'è andato
per i fatti suoi, Lui non ne ha colpa:
siamo noi che dobbiamo fare più attenzione.

XII

Mille e non più Mille

L'Apocalisse di Giovanni al capitolo 20 recita testualmente:

Vidi un angelo che scendeva dal cielo
con la chiave dell'Abisso e una gran catena in mano.
Afferrò il dragone, il serpente antico
– cioè il diavolo, Satana – e lo incatenò per mille anni;
lo gettò nell'Abisso, ve lo rinchiuse
e ne sigillò la porta sopra di lui,
perché non seducesse più le nazioni.

Da questi pochissimi versi, scritti da Giovanni l'Evangelista, nacque una psicosi, nota come «millenarismo», che sconvolse l'intero genere umano: credenti e non credenti vissero gli ultimi giorni del X secolo come peggio non si poteva. Sull'argomento, comunque, esistono due versioni, l'una opposta all'altra, ma entrambe verosimili. Esaminiamole con calma.

Prima versione

Si sta per avvicinare il 1° gennaio del secondo millennio. Tutto il genere umano trema per la paura. «Mille e non più Mille» urlano i predicatori nelle chiese e ognuno racconta la fine del mondo come peggio non la si potrebbe immaginare: l'arrivo della Morte con la falce, i cavalieri dell'Apocalisse con le trombe, le locuste feroci, i cavalli verdi, gli esseri mostruosi provenienti da altri pianeti, le voragini che si aprono sotto i piedi dei peccatori, le zanzare giganti che svolazzano sui moribondi, le fiamme altissime che avvolgono gli esseri umani, i dannati bruciati a fuoco lento perché possano soffrire più a lungo senza mai consumarsi. Insomma un inferno ancora più brutto dell'Inferno! E, come se tutto questo non bastasse, anche l'Anticristo.

San Giovanni ce la mette tutta per farci mettere paura e al capitolo 13 ci annuncia:

> *Vidi salire dal mare una bestia*
> *che aveva dieci corna e sette teste,*
> *e sulle corna dieci diademi,*
> *e su ciascuna testa un titolo blasfemo.*
> *La bestia era simile a una pantera*
> *con zampe d'orso e bocca di leone.*
> (...)
> *Allora gli uomini andarono tutti dietro la bestia*
> *e dissero in coro: «Beati coloro che sono simili alla bestia*
> *e possono combattere con essa».*

Ora, premesso che Apocalisse non vuol dire «catastrofe» ma «rivelazione», pare che l'umanità non sia mai stata così buona come in quegli ultimi giorni dell'anno Mille. Le chiese erano sempre gremite di fedeli, i predicatori tuonavano dai pulpiti, i confessionali avevano file interminabili di peccatori, i venditori di cilici facevano affari d'oro, i ricchi regalavano i vestiti ai poveri, i sani assistevano i malati e non vennero più segnalati casi di omicidi e di furti. L'ultima notte, poi, si misero tutti in ginocchio a pregare. Le strade e le piazze si riempirono di gente che guardava il cielo facendosi il segno della croce. Si dice che fosse una bella serata e che la luna brillasse più luminosa che mai, e che nessuno, ma proprio nessuno, quella notte commise un atto impuro.

Poi arrivò il 1001 e, grazie a Dio, tutti ricominciarono a

commettere gli atti impuri come prima e peggio di prima. Bellissimo a questo proposito un commento di Giosuè Carducci: «Ve l'immaginate voi la gioia al levar del sole del primo giorno del secondo millennio?!».

Seconda versione

Non accade assolutamente nulla. La maggior parte degli esseri umani non sapeva nemmeno in che anno stesse vivendo, anche perché i sistemi di datazione differivano moltissimo gli uni dagli altri: in un paese era il 997, in un altro il 1001 e in un altro ancora il 1003. Vallo a capire!

La verità è che è davvero difficile sapere in che anno si sta vivendo. Noi stessi non lo sappiamo. Se è vero che Erode è morto nel 4 avanti Cristo (e che pertanto non avrebbe potuto ordinare la «strage degli innocenti» quattro anni dopo la sua morte), se è vero che nel calcolare l'esatta durata di un anno solare commisero degli errori madornali sia Dionigi il Piccolo nel VI secolo sia Luigi Lilio nel XVI, Gesù non sarebbe nato quando si crede che sia nato, ma (come minimo) nel 6 avanti Cristo, ragione per cui oggi non stiamo vivendo il 2002 ma il 2008, con buona pace di tutti quelli che a mezzanotte in punto del 31 dicembre 2000 spararono i fuochi e si abbracciarono commossi per festeggiare l'inizio del terzo millennio.

Insomma, a quei tempi nessuno sapeva niente di niente, e perfino la Bibbia sosteneva che neanche Gesù conoscesse l'ora esatta della fine del mondo. Comunque i maghi, le fattucchiere e gli astrologi, una volta superata la paura, continuarono a fare il loro mestiere di sempre, cioè quello di sfornare oroscopi e previsioni, e le persone semplici a crederci, né più né meno di come accade ancora oggi nei telegiornali e nelle riviste più qualificate.

Il millenarismo, quindi, secondo questa seconda versione, sarebbe stato solo un'invenzione romantica di alcuni letterati dell'Ottocento.

Da un libro di Chiara Frugoni Settis intitolato *Sogni e incubi della fine del mondo* apprendiamo che ci fu un certo Abbone, abate dell'attuale Saint-Benoît-sur-Loire, che fece di tutto per tranquillizzare i fedeli della sua parrocchia senza, però, ottenere alcun risultato pratico. Lo slogan «Mille e non più Mille» era troppo efficace per non sedurre le masse. Sia gli ingenui che gli scettici ci caddero dentro come tante pere cotte e don Abbone rischiò più di una volta il linciaggio, neanche fosse stato un demone inviato apposta da Satana per far morire quanta più gente possibile nel peccato. E pensare che all'epoca non c'erano i giornali, le televisioni e le radio a diffondere le psicosi come invece accade oggi per il terrorismo.

Alcune coincidenze, poi, accrebbero ancora di più la paura della fine del mondo. Un certo Sigeberto di Glemboux racconta di comete maleauguranti, di terremoti, di tempeste e di altri disastri naturali.[1] E non basta: a Napoli, qualche anno prima della presunta fine del mondo, il Vesuvio eruttò cenere e lapilli in una quantità tale da seppellire l'intera città di pietre infuocate. Poco tempo dopo, quasi tutte le città della Gallia e dell'Italia, Roma compresa, furono devastate da incendi di provenienza misteriosa. Vennero attaccate dal fuoco perfino le architravi della basilica di San Pietro e i fedeli si recarono in massa al sepolcro del santo per scongiurare il suo aiuto divino. A questo punto come non pensare a Satana che si stava liberando delle catene?

Le obiezioni più interessanti al millenarismo arrivarono, non a caso, da alcuni scettici. «Come è possibile» si chiesero «che Dio non riesca a sconfiggere il Demonio? Non lo distrugge perché non lo vuole eliminare o perché non ce la fa?» Due domande, quindi, l'una più imbarazzante dell'al-

[1] Rodolfo il Glabro, *Cronache dell'anno Mille*, Fondazione Valla-Mondadori, Milano 1989.

tra. La risposta fu che Dio si serviva di Satana per punire i peccati commessi dagli uomini.

Per quanto riguarda il Diavolo, poi, il discorso si fece ancora più complesso: noi siamo abituati a immaginarcelo nudo, rosso di pelle, con le corna e con la coda. San Giovanni, invece, ce lo descrive come «il grande drago, il serpente antico, colui che chiamiamo Satana e che travia tutta l'umanità grazie ai suoi angeli fedeli». Il Diavolo, quindi, non solo non è rosso, ma ha degli assistenti uguali in tutto e per tutto agli angeli, e tra questi, precisa san Giovanni, ci sarebbe anche una donna: «Si chiama Iezabele: si spaccia per profetessa e seduce gli uomini inducendoli alla fornicazione. Io stesso l'ho incontrata più di una volta».

A Roma il capo dei millenaristi fu un «frate trappista» di nome Anselmo. Era praticamente un pazzo: girava seminudo per la città frustandosi le spalle con una catenella arrugginita. Radunava migliaia di fedeli per poi esortarli a pentirsi.

«Chiedete perdono a Dio finché siete in tempo!» urlava Anselmo. «Donate i vostri beni ai poveri! Perdonate chi vi ha offeso! Baciate i piedi dei vostri nemici! Confessatevi e comunicatevi prima che sia troppo tardi! Il Signore vi attende!»

Da non dimenticare, fra i tanti annunciatori di morte, un altro monaco, un certo Montano, capo della setta dei «montanisti», che molti secoli prima aveva già descritto la fine del mondo nei minimi particolari. A suo dire, nella pianura di Pepuza sarebbe scesa dal cielo una Seconda Gerusalemme, una città incontaminata dove solo gli uomini con la coscienza a posto sarebbero potuti entrare. Questa città era stata già vista per più di quaranta volte da numerosi fedeli ed era apparsa alle prime luci dell'alba, e solo per pochi attimi, salvo poi dissolversi all'apparire del sole. Montano, quando parlava, veniva preso regolarmente da crisi epilettiche. Ad assisterlo c'erano due beghine, Prisca e Massimilla, che traducevano le sue parole quasi sempre incomprensibili.

E infine, prima dell'ultimo giorno, venne fuori un napoletano, tale Cannata, anche detto *'o nano curto e male 'ncavato*, ovvero «il nano corto e fatto male», un sedicente indovino, alto poco più di un metro, che sostenne la tesi secondo la quale solo due posti al mondo si sarebbero salvati, e precisamente una grotta a Capri e una grotta, anzi un buco, a Capo Miseno.

«In fondo all'antro della Sibilla» profetizzò il Cannata «c'è un'altra grotta, e in fondo a questa grotta un buco attraverso il quale io solo riesco a passare. Dentro il buco c'è una piccola statua della Madonna. Affidatemi i vostri beni e io li depositerò ai piedi della Santissima Vergine. Voi, invece, quella notte, vi imbarcherete su un gozzo e andrete a nascondervi a Cala del Rio, a sud dell'isola di Capri. Lì troverete una piccola grotta accessibile solo via mare. Tutti quelli che non avranno con sé gioielli, denaro o altri oggetti di valore riusciranno a sopravvivere. Poi, il giorno dopo, tornerete a Napoli e io vi consegnerò tutti i vostri tesori.»

È superfluo aggiungere che il nano *curto e male 'ncavato* non appena iniziò la fine del mondo se la squagliò con i gioielli di tutti quelli che gli avevano prestato fede.

XIII
Aimone

Si dice che a Salerno all'inizio dell'anno Mille sia nata un'eresia chiamata Duplicismo. A promuoverla pare sia stato un certo Aimone, un monaco scomunicato, anche noto come il Duplicista, il Salentino o il *Magister.* Questo Aimone era un pezzo d'uomo alto più di un metro e novanta: una statura eccezionale per quell'epoca. Alcuni lo prendevano in giro proprio per questo. Gli dicevano: «*Aimon, Aimon, homo longus raro sapiens*» (Aimone, Aimone, l'uomo alto è raramente saggio) e lui rispondeva: «*Sed si sapiens, sapientissimus*» (Ma se è saggio, è molto saggio).

Ho cercato Aimone in tutte le storie della filosofia medioevale e non l'ho mai trovato. A parlarmene per primo (e per ultimo) fu un professore di filosofia in pensione, un certo Ermete Calogero, da me incontrato per caso durante la partita Napoli-Salernitana, vinta dal Napoli per uno a zero su rigore all'ultimo minuto. Il professore, tifoso salernitano, se ne uscì dallo stadio incazzato nero e quando si rese conto che anch'io m'interessavo di filosofia volle subito vendicarsi. Lui odiava la città di Napoli e l'odiava al punto da sperare in un ritorno in grande del Vesuvio.

«Voi di Napoli» mi disse «non potete nemmeno immaginare che cosa sia stata la Scolastica salernitana. Altro che quella schifezza di Scolastica napoletana! Chi voleva imparare qualcosa nel Medioevo, in materia di filosofia o di medicina, era costretto a venire da noi, a Salerno. Per quanto riguarda la medicina abbiamo avuto il grande Costantino l'Africano, quello che nel 1060 tradusse in latino tutti gli scritti di Ippocrate e di Galeno. Per quanto riguarda la filosofia, invece, abbiamo avuto il divino Aimone!»

E questa che segue è per l'appunto la storia di Aimone così come mi fu raccontata dal professor Calogero.

Pare che il Duplicista, dopo aver insegnato per venti anni le materie del trivio e del quadrivio, avesse cominciato a dare segni di squilibrio al punto da tirarsi addosso le ire del vescovo di Napoli. La sua eresia consisteva nel non credere nell'Uno ma nel Due, anzi, per maggiore esattezza, nei Due Fratelli. Il *Magister* era convinto che in cielo non ci fosse un solo Creatore ma due Creatori, entrambi potenti ed entrambi eterni. Attenti, però, a non confondere i due Dei di Aimone con il Bene e il Male dei manichei. Il Duplicismo stava solo a indicare che il futuro era incerto e che la scelta tra la strada giusta e la strada sbagliata dipendeva unicamente da noi e da nessun altro. I fedeli, a suo dire, erano liberi di scegliersi l'uno o l'altro Dio a seconda di come si sentivano in quel momento. Una scelta, quindi, più dovuta all'intuito che non alla fede.

Quella di eleggere un numero a simbolo del proprio credo è storia vecchia. A cominciare da Parmenide che credeva nell'Uno, come se si trattasse di un'autentica divinità, per proseguire col Due di Mani, col Tre della Santa Trinità e infine con il Quattro di Rodolfo il Glabro, che fece l'elogio della Divina Tetralogia.

Diceva il Glabro che nella vita gli eventi importanti sono sempre quattro.[1] Abbiamo i quattro Vangeli (Luca, Marco, Matteo e Giovanni), i quattro elementi naturali (l'aria, l'acqua, la terra e il fuoco), i quattro fiumi che ci arrivano dal-

[1] Rodolfo il Glabro, *Cronache dell'anno Mille*, Fondazione Valla-Mondadori, Milano 1989.

l'Eden (il Fison, il Geon, l'Eufrate e il Tigri), e i quattro sensi (la vista, il gusto, l'udito e l'olfatto). Lui escludeva il tatto giudicandolo fonte di peccato. Nessuno, che io sappia, ha mai scelto lo Zero come proprio simbolo religioso, a eccezione, forse, di qualche nichilista russo rimasto affascinato da *Padri e figli*, il romanzo di Turgenev dove il protagonista, tale Evgenij Bazarov, era un adoratore del Nulla. Ora, però, torniamo ad Aimone e al suo amatissimo Due.

Il libero arbitrio ha messo spesso in difficoltà più di un cattolico. Lo stesso concetto di destino non sempre è stato accettato da tutti gli esseri umani. I laici, ad esempio, sono più propensi a credere nel Caso che non nella Necessità,[2] se non addirittura nel sorteggio dei destini contrapposti.[3]

Che colpa ne ha Giuda, si chiedono alcuni, se Nostro Signore aveva già stabilito, in mente sua, che a tradire per trenta sicli dovesse essere proprio Giuda Iscariota? Poteva lui, piccolo apostolo, opporsi a un progetto di così vaste dimensioni?

Dovessi incontrarlo nell'Aldilà, gli chiederei: «Salve Giuda, come sta?».

«Io bene e lei?»

«Anch'io, grazie... però vorrei sapere come e perché è finito all'Inferno.»

«Anch'io lo vorrei sapere e a essere sincero non l'ho mai capito. Mi sono anche suicidato per sottolineare il fatto che non ero d'accordo! Secondo me, sarei dovuto andare in Purgatorio per poi riunirmi, dopo un migliaio di anni, agli altri apostoli. La verità è che Lassù avevano bisogno di un attore che sapesse recitare bene la parte del traditore e, disgraziatamente, hanno scelto me. A volte penso che mi meriterei addirittura un premio, un Oscar divino, per come ho

[2] La Necessità, anche detta *anánke*, era per i Greci la dea del destino.

[3] Per saperne di più leggere *Il caso e la necessità* di Jacques Monod, Mondadori, Milano 1986.

portato a termine la missione. Non era facile fare quello che ho fatto!»

Ma, a sentire il professor Calogero, la colpa era stata solo di Giuda.

«I copioni non erano uno ma due» mi disse, «il primo scritto dal Dio Uno e il secondo dal Dio Due. Ed è stato Giuda a scegliere il copione che più gli andava a genio.»

«Allora si ritorna al Bene e al Male» obiettai io, «come ai tempi dei manichei.»

«E nemmeno questo è vero» mi rispose Calogero. «Perché a volte è il Dio Uno a proporre il destino migliore e a volte il Dio Due, ma, alla fine, è sempre l'uomo quello che sceglie. Per i Greci la vita era un continuo susseguirsi di bivi: prendere una strada piuttosto che un'altra era una scelta personale. *Kataphatiké* quando la strada, poi, si rivelava positiva e *apophatiké* nel caso contrario. Gli Dei in questo non c'entrano nulla: loro si limitano a guardare.»

«E chi dei due Fratelli consigliò Adamo di mangiare la mela?»

«Nessuno dei due: entrambi in quel momento erano troppo indaffarati a progettare le razze animali per stare a perdere tempo con simili sciocchezze. Fu Eva che convinse il suo uomo a staccare il frutto proibito. Gli disse: "E dài, Adamo: non fare lo stupido! Che vuoi che sia una mela. Escludo che qualcuno se la possa prendere per così poco!".»

Ma non è finita. Dopo la partita io e il professore andammo in via Caracciolo e ci prendemmo un caffè da Ciro a Mergellina, dove lui ci tenne a informarmi su alcuni aspetti della vita di Aimone.

«Il *Magister* ce l'aveva con le donne: le uniche, diceva, che potevano interferire sugli opposti destini. Lui aveva lasciato la Chiesa per correre dietro a una donna di nome Cassidia, che, se non sbaglio, faceva la lavandaia. Purtroppo per il filosofo, però, la signora in questione, dopo essersi fatta sposare, gli aveva messo le corna con un fornaio. "La filosofia" disse un giorno Aimone "non può competere con il pane. *Primum vivere, deinde philosophari.*" E difatti, ogni volta che lui usciva, il fornaio si presentava a casa sua con una focaccia tra le mani.»

Poi aggiunse: «A Salerno si racconta che Aimone, negli ultimi anni, quando passeggiava, si fermava a ogni bivio, e prima di decidere se prendere la strada di destra o quella di sinistra, gettava in aria una monetina. Si dice anche che quando morì i duplicisti gli scavarono due tombe. Sulla prima scrissero "Aimone il buono" e sulla seconda "Aimone il cattivo". Dove, poi, sia finita la sua anima, se all'Inferno con Giuda, o in Paradiso con gli Dei Fratelli, non si è mai saputo. Anche un arbitro di calcio, però, dovrebbe usare una monetina prima di assegnare un rigore...».

Ora che ci penso, il fatto che, prendendo una strada piuttosto che un'altra, si corre il rischio di cambiare la propria vita mi riguarda da vicino. Due sono stati i bivi che hanno condizionato la mia esistenza.

Il primo risale al 1957. Ho ventotto anni, sono quasi le nove di sera, mi sto recando a una festa dove sono stato invitato, salgo per via Cimarosa, ma, arrivato all'altezza della funicolare di Chiaia, incontro un amico: è Nando Murolo.

«Ciao Lucià» mi dice, «dove vai?»

«Vado a un *balletto*»[4] rispondo, «a piazza Vanvitelli.»

«Ma chi te lo fa fare!» ribatte lui. «Vieni con me: io vado a via Luigia Sanfelice. C'è una festa con delle ragazze che non ti puoi nemmeno immaginare! E poi si mangia pure.»

Vado con Nando. La prima ragazza che vedo è di una bellezza sconvolgente.

«Come ti chiami?» le chiedo.

«Gilda» mi risponde.

[4] All'epoca le feste tra giovani, a Napoli, venivano chiamate «balletti». A Milano, «festine».

Io m'innamoro. Lei s'innamora. Poi ci sposiamo. Abbiamo una figlia: le mettiamo nome Paola. E oggi mi chiedo: «Ma se fossi andato a quell'altra festa, mia figlia sarebbe nata?».

Il secondo bivio è del 1978. Ho quarantanove anni, sono ingegnere, lavoro alla IBM ITALIA, sono dirigente e guadagno moltissimo: un milione al mese (del '78). Nei ritagli di tempo ho scritto anche un libro e l'ho pubblicato con la Mondadori: *Così parlò Bellavista.* Ne ho vendute cinquemila copie. Con i diritti d'autore ho guadagnato quasi due milioni di lire. Non pochi per un'opera prima, non sufficienti, però, a farmi cambiare mestiere: non posso lasciare un posto da tredici milioni l'anno per un'attività così poco remunerativa come quella dello scrittore. E allora, da buon napoletano, resto aggrappato al mio posto fisso. Poi, una sera, vengo invitato a cena da Renzo Arbore. Accanto a me si accomoda un signore grassottello con i baffi: è Maurizio Costanzo. Gli confido le mie perplessità e lui mi dice: «Perché queste cose non me le viene a raccontare in televisione? Io, mercoledì prossimo, inizio un nuovo programma intitolato "Bontà loro". Lei viene, tira fuori tutti i suoi dubbi, e vediamo cosa ne pensano gli spettatori».

Sono stato il primo autore per il quale Costanzo ha mostrato la copertina del libro alle telecamere. Il risultato fu strepitoso: centomila copie nel primo mese, altre centomila nel secondo e poi sempre nuove ristampe fino a superare il mezzo milione di copie. Cambiai mestiere e divenni scrittore. Se non fossi andato a quella cena oggi, forse, sarei un ingegnere in pensione che a suo tempo aveva scritto un libro.

Morale: prima di andare a una cena, pensiamoci bene.

XIV
Le religioni

Mi è venuto un dubbio: «Ma la religione può essere considerata una filosofia?» e mi sono risposto: «Sì, la religione è senz'altro una filosofia, in particolare se implica una scelta di vita».

Le religioni sono sempre state moltissime, forse troppe. Evidentemente, soddisfano un bisogno naturale dell'animo umano. Le prime che mi vengono in mente, magari perché più vicine ai luoghi dove ho vissuto, sono l'ebraismo, il cristianesimo e l'islamismo. Seguono poi nell'ordine il confucianesimo, l'induismo e il buddhismo, e per finire una decina di altre fedi minori, non per questo, però, meno ferventi. Ogni religione, poi, pretende la più assoluta fedeltà da parte dei suoi adepti, non a caso chiamati «fedeli». Unica eccezione: il mio tanto amato paganesimo che, come già detto nel primo capitolo, è stato il più tollerante di tutti i credo religiosi.

Il Medioevo fu un periodo di alta religiosità. Le tre grandi religioni monoteistiche, ciascuna con il suo profeta (Mosè, Gesù e Maometto) e il suo testo sacro (la Bibbia ebraica in trentasei libri, la Bibbia cristiana in settantatré libri e il Corano in un libro solo), condizionarono al massimo la vita degli esseri umani. A esaminarle oggi con un po' di distacco, le religioni non sembrano molto diverse le une dalle altre: tutte e tre predicano l'amore verso il prossimo, tutte e tre credono nell'Aldilà, tutte e tre sono convinte che la vera vita non sia quella che stiamo vivendo oggi ma la prossima. Sono stati, piuttosto, alcuni dei loro fedeli, a volte esagerando, a passare dalla parte del torto. Ma escludendo i fanatici, dobbiamo essere riconoscenti a Dio, a Jahvè o ad Allah, se ci fu un minimo di ordine nella vita medioevale. Che sia benedetta l'anima di Cleobulo, il settimo dei sette savi, quello che scrisse sulle mura del tempio di Delfi: «Ottima è la misura!».

A questo punto, però, mi soffermerei brevemente sulle tre grandi religioni monoteistiche e sui loro rispettivi profeti.

Mosè

Diceva Pascal: «Tutta l'infelicità del mondo dipende dal fatto che nessuno vuole stare a casa sua» (*Pens.* num. 354), e se ci fu uno che non ne tenne conto fu proprio Mosè quando, nel XIII secolo avanti Cristo, decise di abbandonare la sua terra natale, l'Egitto, per andarsene nell'odierna Arabia Saudita. Lui, già dalla nascita, aveva avuto i suoi bravi problemi. Il faraone Ramsete II, per dare un freno alla popolazione che cresceva a vista d'occhio, un bel giorno ordinò alle levatrici di sopprimere tutti i maschi primogeniti, e la madre di Mosè, per salvarlo, lo depose sul Nilo in una cesta di vimini spalmata di pece. Ora, come sempre accade in questi abbandoni tragici, il piccolo non morì e venne «salvato dalle acque» proprio dalla figlia del faraone. Una volta, però, diventato maggiorenne, litigò con le autorità locali e pensò bene di trasferire tutti i suoi connazionali fuori dai confini dell'Egitto. Dopodiché, superato il Mar Rosso (che si aprì davanti a lui e si richiuse davanti agli Egizi), finì in Arabia Saudita dove si sposò con una donna del posto, Zippora, dalla quale ebbe anche due figli, Gherson ed Eliezer. Qui infine ebbe la rivelazione dell'esistenza di Jahvè.[1] E

[1] Terzo capitolo dell'Esodo. Jahvè in realtà si chiamerebbe Jhwh, nome volutamente impronunciabile formato da quattro consonanti. Noi, però, non essendo ebrei, lo chiameremo Jahvè.

non basta: un paio di secoli dopo, uno dei suoi innumerevoli discendenti, Davide, perfezionò l'esodo eleggendo Gerusalemme a capitale del regno d'Israele. Non l'avesse mai fatto! Ancor oggi palestinesi e israeliani se le danno di santa ragione un giorno sì e un giorno no. Che i rispettivi Allah e Jahvè regalino loro un supplemento d'intelligenza!

Gesù

Cominciamo col dire che Cristo non è un cognome ma un appellativo. All'epoca i cognomi non erano stati ancora inventati. Quando proprio si voleva individuare una persona si citava il luogo dove era nata o il nome del padre, ad esempio san Paolo era chiamato Paolo di Tarso, e il re Dagoberto passò alla storia come Dagoberto di Clotario. Cristo, invece, era solo un appellativo e voleva dire «unto», cioè consacrato dal Signore. Dove nacque lo sanno tutti, in particolare quelli che in vita loro hanno fatto almeno una volta il presepe. Nacque a Betlemme, in una grotta, a meno di due miglia da Gerusalemme. A scaldarlo per primi furono un bue e un asinello con il loro respiro. I primi regali che ebbe furono l'oro di Gaspare, l'incenso di Melchiorre e la mirra di Baldassarre. Dai Vangeli, però, non si è mai saputo se fosse bruno, biondo, alto, basso, con la barba o senza. Ognuno se lo è immaginato come più gli andava a genio, e quindi biondo, con la barba e gli occhi azzurri. Due sono state le sue attività principali: diffondere il Verbo e aiutare i bisognosi. Elencare adesso tutti i ciechi, i sordi, gli zoppi, i muti e i lebbrosi che Gesù ha guarito nel corso della vita sarebbe lungo e forse impossibile. Faceva miracoli ogni giorno, anche di sabato, violando uno dei precetti di Mosè: «Chi lavora di sabato verrà messo a morte».[2] E così facendo

[2] Esodo, 31,15.

si mise contro tutte le autorità religiose della zona. Poi, sempre più incurante del pericolo, si mise anche a resuscitare i defunti. Disse a Lazzaro: «Alzati e cammina» e quello davvero si alzò. «Quando è troppo è troppo!» esclamò il gran sacerdote Caifa e fece in modo che il Sinedrio (il parlamento della Galilea, che aveva anche poteri giudiziari) lo condannasse a morte. Ponzio Pilato, governatore romano della Giudea, come è noto, se ne lavò le mani, e Gesù venne crocefisso sul Golgotha, una collinetta a pochi passi da Gerusalemme, insieme a due soliti ignoti.

Ora, che il cristianesimo sia una religione monoteistica non ci sono dubbi, eppure una certa qual forma di paganesimo, magari strisciante, resta ancora nell'animo del popolino, almeno dalle mie parti. E, come in epoca romana Marte, Minerva e Venere erano i diretti responsabili della guerra, della cultura e dell'amore, così oggi, a Napoli, santa Lucia è la protettrice della vista, san Crispino dei calzolai, san Macario dei pasticcieri e san Pasquale Baylonne delle donne. Fra i santi del paganesimo, bellissimo il ruolo di Macaone, protettore dei radiologi. Quando nacque, suo padre Asclepio chiese a Zeus un regalo speciale per il suo primogenito e il re dell'Olimpo gli donò la possibilità di guardare all'interno del corpo umano senza essere obbligato ad aprirlo. Che tutti quelli che vanno a farsi una TAC o una radiografia gliene siano grati.

Maometto

Terzo in ordine di tempo arriva Maometto. Nasce alla Mecca intorno al 570. All'epoca in Medio Oriente regnava Eraclio I, un despota che, oltre a voler comandare a bacchetta tutti i sudditi, pretendeva di essere adorato come un Dio in terra. Fra l'altro, riesce a recuperare la vera Croce, quella sulla quale Gesù era stato crocefisso e che, a suo tempo, era stata rubata dai Persiani, per poi riportarla a Gerusalemme come trofeo di guerra. In quanto a religione, poi, Eraclio ha una leggera preferenza per il paganesimo. Pare che all'epoca le divinità venerate dal popolo, tra pagane, arabe e tribali, fossero addirittura trecentosessanta.

A Maometto, però, tutti questi Dei davano fastidio, lui ne voleva uno solo e forte e, quindi, s'inventa Allah, il Dio dei musulmani. Mai avrebbe immaginato che la sua dottrina si sarebbe propagata in mezzo mondo. Nel giro di pochissimi anni, infatti, dal Medio Oriente all'Africa settentrionale, alla Spagna, alla Sicilia e allo sterminato Oriente, l'islamismo si diffuse a macchia d'olio.

Maometto nel 622, quando aveva già cinquant'anni, si trasferì con alcuni amici a Medina, e qui, a suo dire, Allah gli avrebbe dettato, da Dio a uomo, parola per parola, tutto il Corano. Mai libro ebbe più successo del Corano! Con ogni probabilità questa diffusione fu dovuta alla semplicità del testo. Non che a quei tempi lo avessero letto, per carità (non c'era nessuno che sapesse leggere), ma ascoltato sì, e l'immediatezza dei concetti fece subito presa sulle masse.

XV
San Francesco

Impossibile chiudere la chiacchierata sulle religioni senza nominare san Francesco. Una concezione di vita, la sua, che è qualcosa di più di una religione: più vicina forse all'Essere di Parmenide che non ai dettami del Vangelo. Oltretutto, san Francesco ha vissuto due vite, l'una opposta all'altra: la prima fino ai ventiquattro anni e la seconda dai ventiquattro alla fine. La prima, quella della gioventù, me la farei raccontare da suo padre, don Pietro Bernardone, mercante di stoffe ad Assisi, usuraio e benestante.

Mio figlio nacque [nel 1182] *mentre io ero in Francia alla fiera di Champagne. Ricordo che quell'anno avevo fatto ottimi affari ed ero di ottimo umore. Giunto a casa, ad Assisi, mia moglie Pica mi venne incontro con un bambino minuscolo tra le braccia. «È nato, è nato!» gridò. «Gli ho messo nome Giovanni.» Lì per lì non feci commenti, ma quando venne il giorno del battesimo, decisi di cambiargli nome. «Lo voglio chiamare Francesco» le dissi e lei subito protestò: «Perché Francesco? È un nome che non ho mai sentito». E io la tranquillizzai. «Lo chiameremo Francesco perché deve ricordarci la Francia, il paese dove io faccio più affari. Vedrai: è un nome che gli porterà fortuna!» E invece mi sbagliavo. Oh, quanto mi sbagliavo! All'inizio Francesco sembrava uguale a tutti gli altri bambini: era allegro, voleva sempre giocare e gli piaceva cantare. Lo mandai a scuola da un vecchio prete, quello della chiesetta di San Giorgio. Lui, il prete, era un po' rimbecillito, ma, in compenso, non me lo avrebbe traviato con idee monacali. In altre parole, io desideravo un figlio simile a me in tutto e per tutto: caciarone, abile mercante e cacciatore di donne. A questo proposito gli insegnai a cantare* le chansons de geste, *molto di moda ai miei tempi. Oddio, non sempre si comportava come doveva: un giorno spese tutti i soldi che gli avevo regalato per offrire agli amici un banchetto che nemmeno un principe si sarebbe potuto permettere. Si mise addosso un vestito fatto di ritagli di stoffe di seta e tutte le collane e i gioielli che riuscì a trovare per casa. Poi volle per forza partecipare alla guerra contro i Perugini e, manco a dirlo, si fece fare prigioniero. Dopo un anno contattai i capintesta di Perugia perché me lo restituissero e quelli mi chiesero un riscatto esagerato. Ebbene, credetemi: non feci obiezioni, tirai fuori i soldi e pagai. Lui se ne tornò più allegro di prima. Insomma era normale. Poi accadde quello che accadde: un giorno incontrò un lebbroso e, invece, di fuggire al suono della campanella, come avrebbe fatto qualsiasi persona normale, scese da cavallo e lo abbracciò. Sissignore, lo abbracciò! E non basta: un'altra volta si intrufolò nel mio magazzino e si prese tutte le stoffe preziose che c'erano negli scaffali per poi vendersele sottoprezzo, il tutto per pagare i restauri della chiesa di San Damiano. Ora, ditemi voi: che avrei dovuto fare? Sgridarlo? Picchiarlo? Ebbene l'ho fatto, anzi, diciamo la verità: con l'aiuto dei servi, l'ho preso, gli ho dato una decina di cinghiate e l'ho rinchiuso a pane e acqua in cantina. Due giorni dopo, però, la mamma, intenerita, me lo ha liberato! Io, allora, ricorsi al vescovo e lui, il mio Francesco, proprio davanti al prelato, si tolse tutti i vestiti di dosso e se ne uscì nudo come un verme per le strade di Assisi. Meno male che un ortolano lo vide e gli gettò un sacco sulle spalle. Ebbene, non ci crederete: da quel giorno vive dentro quel sacco. Ci ha fatto tre buchi: uno per la testa e due per le braccia. E non basta: ora se ne va in giro chiedendo l'elemosina come se non fosse mio figlio.*

Seconda vita, completamente diversa dalla prima. Questa ce la facciamo raccontare da uno dei suoi discepoli: fra Gaspare da Petrignano.

Conobbi Francesco un giorno, mentre stavo tornando dal mercato. Ero disgustato della vita che facevo: che senso ha, mi chiedevo, litigare una mattinata intera con un farabutto che mi doveva da un anno certi soldi quando so benissimo che la vita è breve e che prima o poi dovrò renderne conto al Signore?! Vedo Francesco e ne resto affascinato. Ha come vestito un sacco di iuta e siamo in pieno inverno. Mi viene voglia di regalargli uno dei vestiti che non sono riuscito a vendere alla fiera, ma lui, pur ringraziandomi, lo rifiuta. Mi spiega che l'unico vestito che gli interessa è quello dell'anima. Allora lo invito a casa mia: mangiamo insieme e resto tutta la notte in piedi per parlare con lui. Non capisco bene quello che dice ma lo ascolto. Ho l'impressione di vivere per la prima volta. Il giorno dopo siamo andati nella chiesa di San Nicola e ci siamo comunicati. Gli chiedo dove abita e lui mi porta in una chiesetta mezza diroccata chiamata la Porziuncola. Senza starci troppo a pensare decido di vivere anch'io lì, alla Porziuncola. Prendo un po' di paglia e mi preparo un giaciglio in un angolo. Per coprirmi uso le stoffe che ho ancora con me. Purtroppo, non sono bravo come Francesco: la mia carne è debole, sento freddo. Oggi ci hanno raggiunto altri tre fratelli: si chiamano Bernardo, Pietro ed Egidio. Li abbiamo sistemati tutti e tre dietro l'altare. Bernardo era anche lui un mercante. Pietro, invece, fino all'altro giorno faceva il giurista. È una persona molto istruita: ha con sé tantissimi libri. Egidio, il più povero, è un contadino. Non sa né leggere né scrivere, ma è il più bravo di tutti quando si tratta di usare le mani. Ha chiuso un buco nel soffitto dal quale, ogni volta che pioveva, veniva giù uno scroscio d'acqua che allagava tutta la chiesa. Noi seguiamo Francesco, felici come non lo siamo mai stati nella vita. Le nostre scelte sono: l'umiltà, la carità, l'obbedienza, la povertà, la serenità, la pazienza, il lavoro e la gioia. Ieri Francesco ha detto a un contadino: «Non coltivare tutto il tuo terreno. Lasciane un po' alle erbacce, così vedrai spuntare anche i fratelli fiori». Un giorno, ricordo, lo abbiamo accompagnato a Roma. Lui voleva incontrare Innocenzo III. Voleva che il Papa gli riconoscesse la Regola, ma le guardie non ci hanno fatto entrare. Ci hanno preso per guardiani di porci. Per tre mesi siamo rimasti fuori le porte del Laterano in attesa. Abbiamo dormito per strada.

Francesco si meravigliava che il Papa non ci volesse ricevere. Io no: conosco gli uomini meglio di lui. A impedirci l'ingresso non erano le nostre idee ma i nostri vestiti. Ostentare la povertà, qui a Roma, equivale a dire al Papa: «Non ti vergogni di vivere nel lusso?». Poi, a forza d'insistere, siamo riusciti a entrare. Pare che proprio quella notte Innocenzo III abbia avuto un incubo. Aveva sognato che la basilica del Laterano era stata lì lì per crollare quando un uomo piccolo, vestito come Francesco, era intervenuto e, con la sola forza delle braccia, era riuscito a tenerla in piedi. Il Papa, allora, lo mandò a prendere dalle guardie e accettò la Regola senza fare la minima obiezione. La cosa più bella che ho fatto grazie a Francesco è stato il presepe. Eravamo a Greccio, dalle parti di Rieti,[1] *quando lui ci parlò di Betlemme e della nascita di Gesù Bambino. Era il giorno di Natale. Francesco andò in paese e si fece prestare un bue e un asinello, poi convinse alcuni paesani a travestirsi da pastori e uno di loro venne con la moglie, una brava donna. Li nominammo subito, appena si presentarono, Giuseppe e Maria. Insomma, mettemmo in piedi un presepe vivente. Il bambino ovviamente non c'era, eppure, roba da non credere, quando scoccò la mezzanotte, tutti, ma proprio tutti, lo vedemmo sgambettare sulla paglia. Impossibile raccontare fino a che punto siamo stati felici! Francesco dormiva in un grottino così corto, ma così corto, che quando poggiava la testa sulla roccia di fondo restava con buona parte delle gambe all'aperto. Un giorno l'uomo più ricco di Greccio, Giovanni Velita, gli volle regalare un cuscino di piume. Ebbene, fu l'unica notte in cui Francesco non riuscì a prendere sonno. Ancora tre anni e morì di stenti* [il pomeriggio del 3 ottobre 1226[2]].

Nel frattempo, i francescani erano aumentati di numero. Oltre ai già nominati, si erano fatti avanti frate Angelo, fra-

[1] Consiglio il lettore di visitare Greccio e l'abbazia di San Francesco. Un posto incantevole a circa cento chilometri da Roma.
[2] A quei tempi dopo il Vespro si contava il nuovo giorno, per questo san Francesco viene festeggiato il 4 ottobre.

te Sabatino, Moricone il Piccolo, Filippo il Lungo, frate Giovanni, frate Barbaro, frate Silvestro, frate Leone, frate Masseo, frate Ginepro e il superbo frate Elia, quello che, dopo la morte di san Francesco, progetterà la basilica di Assisi.

Poi arrivarono le donne: la prima fu Chiara di Favarone, di famiglia nobile e benestante. Aveva solo diciassette anni, ma era fuggita di casa per fondare l'Ordine delle clarisse, come dire il Secondo Ordine francescano. L'anno successivo nacque anche il Terzo Ordine, quello degli uomini di pensiero che, pur non essendo religiosi, desideravano vivere una vita modesta, naturale. Oggi li definiremmo barboni volontari. E, per finire, arrivarono i filosofi. Tra tutti ricordiamo san Bonaventura, Ruggero Bacone, Duns Scoto, Roberto Grossatesta e Guglielmo d'Ockham.

Ancora qualche anno e il conte Orlando di Chiusi dona a Francesco un monte detto «della Verna» ed è su questo monte, alto 1300 metri, che il santo riceverà le stigmate. Credere o non credere, non importa: resta il fatto che le stigmate le aveva davvero. Il fenomeno, però, segna anche l'inizio della fine e della vera sofferenza, sia fisica che psichica. San Francesco come salute, anche a causa dello stomaco malandato, non era mai stato un granché bene. Dopo i quaranta era addirittura peggiorato: pesava pochissimo ed era diventato quasi cieco. Si avvicinava, insomma, l'incontro con «Sorella Morte». Intanto, però, nell'Ordine erano sorte invidie, gelosie e contrasti tra chi eccedeva nelle penitenze e chi invece le snobbava: era un continuo accusarsi a vicenda. «Tu non sei un vero francescano!», «Tu non capisci niente!», «Tu sei solo un esibizionista!», e via di questo passo.

Il commento finale, però, lo lascerei a Gregorio IX, il pontefice che soltanto due anni dopo la morte lo fece santo.

Carissimi fedeli, vi prego: mettetevi nei miei panni. Mi è stato chiesto di nominare santo un certo Francesco di Assisi. Io ho cercato di saperne di più ma non è stato facile: c'è chi mi parla di un'anima beata e chi di uno a cui ha dato di volta il cervello. Ora a chi credere? Questo è il problema! In genere passano anni da quando si muore a quando si viene nominati beati e io vorrei attenermi al regolamento; non potete, però, immaginare quante persone sono venute da me a elogiarmi questo Francesco. Pare che nemmeno Gesù abbia fatto quello che ha fatto lui! Ho letto anche il suo testamento. Dentro c'era il racconto intero del suo incontro con il lebbroso. Dice che dopo averlo abbracciato «tutto quello che prima gli sembrava amaro era diventato dolce». Ma sarà vero? Certo è che ha vissuto due vite, l'una il contrario dell'altra: è stato spendaccione e pezzente, ha dato feste degne di Lucullo dove tutti si ubriacavano e fornicavano, e poi da un giorno all'altro, ha trascorso tutto il suo tempo ad aiutare quelli che soffrono nella povertà più assoluta. È stato ovunque: in Siria, in Marocco, in Terrasanta, dove ha anche partecipato alla quinta crociata, senza però combattere mai: ha solo cercato di convertire i musulmani a parole. Ma come avrà fatto, mi chiedo, se non conosceva la lingua? Mi dicono che ha compiuto numerosi miracoli: ha cambiato l'acqua in vino, ha resuscitato un ragazzo, ha fatto camminare un paralitico, ha donato la vista a più di un cieco e ha liberato alcuni indemoniati. Ma quello che più mi ha impressionato è stato il suo rapporto con gli animali. Si dice che parlasse con le allodole, che queste lo svegliassero tutte le mattine, che predicasse agli uccelli e che si facesse obbedire dalle rondini. Pare che le lepri e i conigli si rifugiassero tra le sue braccia, che scherzasse con i pesci, che avesse insegnato a pregare a un agnello e che avesse convinto perfino un lupo a non sbranare più le bestie nei boschi in cambio del cibo che ogni mattina gli abitanti di Gubbio gli preparavano fuori le mura. Sulla sua tomba si registrano di continuo dei miracoli: un giorno la trovano coperta di rose, il giorno dopo di gigli, il giorno dopo ancora di margherite. Ora io che debbo fare? Ditemelo voi: è un santo o un pazzo?

XVI
Sant'Anselmo

Nella filosofia c'è una parola terribile, una parola che terrorizza tutti gli studenti dei licei: *ontologia*. Ovviamente anche ontologia viene dal greco, per l'esattezza da *óntos* che vuol dire «dell'essere» e *loghía* che vuol dire «studio»; ontologia, quindi, in quanto «studio dell'essere».

In terza liceo il professor Cassetti, quando entrava in aula, era solito declamare ad alta voce «è perché è», la frase più ontologica che sia mai stata detta. A volte ce la pronunziava direttamente in greco, *«estí óti estí»*, e noi, tutti contenti, gliela ripetevamo in coro alzandoci in piedi. Era un modo come un altro per dirci buongiorno. Ora, però, veniamo al dunque: sant'Anselmo d'Aosta potrebbe essere considerato il più grande propagandista dell'ontologia medioevale, o, quanto meno, uno dei pochi che ha provato a convincere il prossimo che «l'essere è in quanto è». Prima, però, di affrontare il più difficile dei santi filosofi, cercherò, a modo mio, di spiegare che vuol dire «essere».

Tutta la faccenda ebbe inizio verso la metà del V secolo avanti Cristo. Parmenide era già un signore di sessantacinque anni dai capelli bianchi quando si recò ad Atene insieme al suo allievo preferito, Zenone. Provenivano entrambi dall'Italia meridionale, da Elea, in Basilicata, per l'esattezza, e avrebbero dovuto firmare un patto di alleanza con le autorità ateniesi. Sennonché, più che di politica con i politici, finirono per parlare di filosofia con i filosofi e, quindi, anche con Socrate che all'epoca non doveva avere più di venticinque anni. Sembra che all'inizio i nostri compatrioti non fecero affatto una buona impressione. Il tutto si svolse in casa di Pitodoro.

«Chi sono quelli là?» chiese Socrate a un suo vicino di panca. «Quei due con i piedi sporchi.»

«Non lo so» rispose quest'ultimo, «ma mi è stato riferito che uno dei due, quello più vecchio, quello con la barba, ha detto una cosa importante che più importante non si può.»

«Io so solo» intervenne un altro «che il più anziano si chiama Parmenide e il più giovane Zenone, che dormono nello stesso letto, e che provengono tutti e due dalla bassa Italia.»

Al che Socrate si rivolse direttamente al più anziano: «O Parmenide, mi hanno detto che hai formulato un pensiero molto importante. Ti dispiacerebbe dirlo anche a noi, così, magari, lo possiamo discutere tutti insieme?».

Parmenide stava lì lì per rispondere quando fu bloccato dall'allievo.

«È inutile che il mio maestro parli» disse Zenone, «tanto voi non lo capireste.»

Al che tutti i presenti si offesero. Ma come? Loro erano i filosofi ateniesi, gli uomini più intelligenti del mondo, e quei due terroni, oltretutto con i piedi sporchi, si permettevano di mettere in dubbio la loro capacità di capire!

Socrate però, sempre più paziente degli altri, provò a insistere: «E dài, Parmenide, dicci quello che hai capito. Chissà che anche noi non si possa dare un piccolo contributo alle tue idee».

E fu in quella occasione che Parmenide disse la famosa frase, quella che, a mio avviso, ha dato inizio alla storia della filosofia: «L'Essere è, il Non Essere non è».

Un giorno, ricordo, fui costretto a spiegare la differenza tra Essere e Non Essere a una bella ragazza che era venuta a Cinecittà per fare un provino.

«Come ti chiami» le chiesi.
«Patrizia e ho venti anni» mi rispose.
«E che vuoi fare nella vita?»
«Voglio fare l'attrice, oppure la velina.[1]»
«Ma vuoi fare l'attrice per Essere o per Non Essere?»
«Per essere, per essere attrice.»
«D'accordo; io allora ti spiego che cos'è l'Essere dell'attrice e che cos'è il Non Essere dell'attrice. Se tu vuoi fare l'attrice per diventare famosa, per vedere le tue foto sulle copertine delle riviste, per mettere gli autografi, per andare in televisione come ospite e per fare molti soldi, sappi che tutte queste cose messe insieme rappresentano il Non Essere dell'attrice, ovvero l'apparire.»
«E l'Essere che cos'è?»
«È quella cosa che senti dentro quando ti accorgi che la persona che ti sta davanti ha riso o si è commossa. E già, perché in quel momento ti rendi conto di essere stata "veramente" un'attrice, cioè di aver trasmesso un'emozione che non era tua, ma dell'autore, a un altro individuo che si chiama spettatore, e questa sensazione vale per tutti i mestieri del mondo e, chissà?, forse vale anche per i non mestieri.»
«Ho capito: è come ha detto quello lì?»
«Quello lì chi?»
«Quello che ha scritto *Avere o essere?*.[2] Solo che adesso non ricordo il nome.»

Ma torniamo a sant'Anselmo. Il primo problema è come chiamarlo: per gli italiani è sant'Anselmo d'Aosta, per i francesi è sant'Anselmo di Bec e per gli inglesi sant'Anselmo di Canterbury. Certo è che nacque ad Aosta nel 1033, fu abate a Bec e arcivescovo a Canterbury. Ora però, non per fare il nazionalista, ma sono convinto che il luogo di nascita

[1] Per chi non lo sapesse la «velina» è una valletta televisiva.
[2] Erich Fromm, *Avere o essere?*, Mondadori, Milano 1986.

sia più importante degli altri recapiti. Ove mai un giorno il mio nome dovesse passare alla storia, *utinam*, preferirei essere ricordato come il Luciano di Napoli piuttosto che come il Luciano di Roma o di Milano, pur avendo vissuto a lungo sia a Roma che a Milano.

Il padre di sant'Anselmo, messer Gandulgo, governatore di Aosta, era un boss che comandava tutti con la forza del denaro. Quando si accorse che il figlio avrebbe voluto fare il monaco si arrabbiò moltissimo.

«Tu il monaco non lo fai!» gli disse. «Noi qui abbiamo una tradizione da difendere e soprattutto una ricchezza da amministrare. Io non potrei mai sopportare che il mio primogenito, quello a cui andranno tutti i miei averi, possa diventare un giorno un volgarissimo baciapile.»

La vocazione però è vocazione e quando c'è non la si può soffocare. Anselmo era stato educato dai benedettini e la sua massima aspirazione era quella di potersi dedicare alla lettura dei classici e agli studi teologici. La proibizione paterna lo fece ammalare fino a mettere in pericolo la sua stessa vita. Poi, grazie a Dio, si rimise in piedi e un giorno trovò il coraggio di scappare da casa: se ne andò in Normandia, nell'abbazia di Bec, famosa per la sua scuola di teologia, e da lì si trasferì a Canterbury dove era stato eletto arcivescovo. Celebri i suoi litigi con i re con i quali ebbe a che fare: Guglielmo il Rosso ed Enrico I. Più volte, infatti, tornando da Roma, gli fu impedito di sbarcare in Inghilterra. Fece ricorso al Papa e riuscì a farsi rispettare.

Sant'Anselmo scrisse otto libri: il *Monologion*, un dialogo con se stesso, il *Proslogion*, un dialogo con gli altri, e sei dialoghi su argomenti di varia umanità, tra cui *Il libero arbitrio* e *La caduta del Diavolo*. Tutti di poche pagine, in verità, ma ricchi d'intuizioni filosofiche. Anche lui, come Scoto Eriugena, partì con il piede sbagliato. Nel suo primo dialogo scrisse *intelligo ut credam*, «comprendo per credere», poi, però, già nel *Proslogion* si corresse e si dichiarò al cento per cento in favore del *credo ut intelligam*, quindi del «credo per capire». Certo è che, mentre è possibile arrivare all'esistenza di Dio partendo dalla Fede, è praticamente impossibile fare il percorso inverso. Detto in altre parole, uno la Fede non se la può imporre, così come «uno il coraggio non se lo può dare». Non si può dire a se stessi: «Da domani mattina ho deciso di credere in Dio». È già difficile smettere di fumare, immaginiamoci di dubitare.

Ciò premesso, vediamo come sant'Anselmo riesce a credere in Dio. Dice testualmente nel *Proslogion*: «Tra tutte le cose esistenti al mondo ce n'è una che è più grande delle altre. Un vegetale è inferiore a un animale, un animale è inferiore a un uomo, un uomo è inferiore a Colui che lo ha creato e Colui che lo ha creato è la cosa più perfetta alla quale si può pensare [sempre ammesso che sia corretto dire "la più perfetta"]. Ora, dal momento che ogni cosa è a sua volta costituita da un insieme di requisiti, e che uno di questi requisiti è per l'appunto l'esistenza, come potrebbe questa cosa essere "la più perfetta" se le mancasse proprio il requisito più importante, cioè quello di esistere? *Ergo* Dio esiste». E non basta, in un'altra occasione ha scritto: «Il massimo pensiero esistente al mondo non può essere pensato come non esistente».

Forse sarebbe stato più convincente se avesse detto: «Per me esiste e basta». Avrebbe fatto prima e non si sarebbe tirato addosso, come invece accadde, le critiche dei domenicani di san Tommaso, dei francescani di san Bonaventura, e di un nutrito gruppo di filosofi tra cui i signori Cartesio, Spinoza, Leibniz, Hume, Locke e Kant. Quest'ultimo, in particolare, dirà che il ragionamento di sant'Anselmo non è ontologico ma tautologico.[3] Dopodiché precisò che Dio non esiste ma che «potrebbe» esistere. Per non parlare poi di Gaunilone, un monaco di Martmontier che, in un libro inti-

[3] Tautologico: modo di parlare lapalissiano che esprime un concetto già enunciato nelle premesse, tipo i commenti di Max Catalano nella trasmissione televisiva «Quelli della notte».

tolato *In difesa dello stupido*, scrisse chiaro e tondo che non bastava pensare una cosa perché questa esistesse davvero, e che solo uno stupido poteva cadere nei trabocchetti di sant'Anselmo. Dice Gaunilone: «Io posso immaginarmi un'isola bellissima, al centro dell'oceano, ricca di laghetti e di ruscelli, con uno stuolo di graziose fanciulle che mi fanno vento con dei rami di palma, ma non per questo l'isola e le fanciulle esisterebbero davvero». E sant'Anselmo di rimando: «Una cosa è un'isola e un'altra cosa è Dio. L'isola, per quanto bella la si possa immaginare, non sarà mai la cosa più importante del mondo. Dio, invece, lo è». Al che Gaunilone replica: «I ragionamenti non ce la faranno mai a provare l'esistenza di Dio. Solo la Fede può riuscirci, e la Fede, si sa, non ragiona».

Otto secoli dopo, però, ci fu un filosofo inglese, tale Francis Herbert Bradley, che si schierò dalla parte di sant'Anselmo e disse: «Tutto quello che è possibile è», frase che tradotta in parole ancora più semplici vuol dire: «Se siamo stati capaci di pensare una cosa, questa cosa deve anche esistere». Insomma, gratta gratta e ricompare il mito della caverna: le immagini che vediamo sulla parete non sono altro che le ombre delle Idee che stanno camminando alle nostre spalle. Nel medesimo tempo, però, già il vedere le ombre è una prova che c'è qualcosa che cammina dietro di noi, ovvero le Idee. Solo che Platone, quando spiega il mito della caverna, è molto più chiaro di sant'Anselmo.

Per quanto riguarda me, infine, sto tutto dalla parte di Gaunilone. Solo la Fede è in grado di farci credere in Dio ed è per questo motivo che invidio tutti quelli che hanno Fede: vivono meglio di me, passano gli ultimi anni della vita più serenamente e non stanno lì a chiedersi tre o quattro volte al giorno:

«Ma c'è o non c'è?»

«E dopo ci sarà qualcosa oppure no?»

«E se ci fosse il Niente?»

«E che cos'è il Niente?»

Altro argomento trattato da sant'Anselmo: gli Universali. Ne abbiamo già parlato nel capitolo su Avicenna. A essere sinceri, non è che si facciano chissà quali progressi studiando Anselmo. La verità è che tutti i filosofi medioevali, chi più chi meno, sfruttano l'argomento per dimostrare l'esistenza di Dio. Se nel variare, dicono, s'intravede qualcosa che non varia, vuol dire che esiste l'Invariabile.

Io, comunque, vi ho avvisato: da questo momento in poi sarete tormentati dagli Universali. Non che siano incomprensibili, per carità, ma noiosi sì, e tanto.

XVII
Le crociate

Se ci furono le crociate la colpa fu dei grandi profeti che nacquero, vissero e morirono tutti da quelle parti. I rappresentanti delle tre religioni coinvolte, l'ebreo Davide, il cristiano Gesù, e il musulmano Maometto, geograficamente parlando non avevano molta fantasia: non si allontanarono da Gerusalemme più di tanto. Da qui la definizione di Terrasanta data alla città e a tutto il territorio circostante. Che avesse, poi, di così bello Gerusalemme non si è mai capito. Come luogo, diciamo la verità, non è mai stato un granché: sta a due passi dal deserto di Giuda e, come se non bastasse, non ha agricoltura né risorse minerarie né mare né laghi o altre bellezze naturali. Il fattore climatico, poi, ve lo lascio immaginare! Il geografo greco Strabone giustamente lo descrive come un posto per il quale nessuno Stato avrebbe mai sacrificato una vita. Mentre Roma ha pur sempre sette colli, l'uno più bello dell'altro, Gerusalemme ne ha solo due: il Cedron e il Sion (da cui il termine «sionismo»). Tra i due colli, poi, c'è una vallata che, essendosi riempita di detriti, non sembra più nemmeno una vallata. Eppure tutti a volerla, tutti a desiderarla e a considerarla la «Terra promessa». Nel corso della storia è stata conquistata dagli Egizi, dagli Arabi, dagli Israeliti del Nord, poi da quelli del Sud, quindi dagli Assiri, dai Babilonesi e infine dagli antichi Romani. Pompeo, nel 63 avanti Cristo, la nominò capitale delle province orientali.

Comunque sia, nel Medioevo, o quanto meno fino all'anno Mille, venne di moda recarsi in pellegrinaggio in Terrasanta. Era il sistema più facile per prenotarsi un posto in Paradiso (facile per modo di dire). La prima pellegrina in ordine di tempo fu Elena, madre dell'imperatore Costantino. La matrona visitò commossa la grotta di Betlemme, l'orto dei Getsemani, il Monte degli Ulivi e il punto dove sarebbe avvenuta l'Ascensione. Dopodiché il figlio, tanto per farla contenta, nel luogo dove si presumeva fosse stato sepolto Gesù, le costruì il Santo Sepolcro, la chiesa più importante di tutta la cristianità. A questo punto migliaia e migliaia di fedeli la imitarono, e chi per terra e chi per mare, ma soprattutto per terra, si recarono in Palestina. Nel V secolo venne totalizzato il massimo numero di pellegrinaggi, singoli o di gruppo, e sempre in quegli anni Eudossia, l'imperatrice di Bisanzio, scelse Gerusalemme come sua seconda sede, dando inizio a una raccolta di reliquie che fece epoca: si procurò addirittura il ritratto della Vergine Maria eseguito da san Luca in persona oltre a tanti altri oggetti sacri. L'iniziativa ebbe un successo enorme e, da quel giorno, non ci furono più limiti alle raccolte: ognuno si portava dai luoghi santi un ricordino che aveva a che fare con la Fede: un dito di san Mamette, un pollice di san Giovanni Battista, un ciuffo di capelli di san Paolo, una scheggia di legno della Croce, uno dei chiodi che avevano trafitto Gesù, una fiala contenente il sangue del Cristo e via dicendo. Vere o false che fossero queste reliquie, intorno a ciascuna di esse furono costruite chiese e santuari in moltissime località d'Europa. Insomma, tutto andava per il meglio finché i musulmani non si accorsero dell'invasione e cominciarono a perseguitare i pellegrini, ovvero gli «infedeli», come erano soliti chiamarli.

Risultato finale: una volta per colpa dei briganti, un'altra per colpa degli Arabi, non sempre si riusciva ad arrivare sani e salvi al Santo Sepolcro. Qualcuno allora, per accrescere il proprio peso politico, si mise a organizzare delle spedizioni di uomini armati, dette «crociate», ovvero un contingente di cavalieri sufficientemente numeroso da garantire la vita a tutti i partecipanti. Solo che mettere in piedi spedizioni del genere non era tanto uno scherzo: servivano giovani robusti, elmi, scudi, armi, e soprattutto cavalli. I partecipanti si chiamavano crociati perché avevano giubbe, mantelli e scudi con sopra dipinte delle enormi croci rosse.

Per raccontare tutte le crociate ci vorrebbe un libro intero, e forse più di un libro; noi qui, però, nel nostro piccolo, abbiamo il solo obiettivo di far capire al lettore come in pieno Medioevo siano potute maturare certe iniziative a metà tra la religione e la politica. Proveremo, quindi, a elencare le otto crociate principali, una dopo l'altra, con le notizie essenziali e con i loro attori principali.

Prima crociata - 1096-99. Promotori: papa Urbano II e Pietro d'Amiens, anche detto l'Eremita. Quest'ultimo era un pazzo: cavalcava a piedi nudi un asino, non mangiava carne e beveva solo vino. Attraversava le strade dei paesi urlando a squarciagola: «Tutti in Terrasanta! Tutti in Terrasanta e diventerete tutti santi!». Il popolo lo seguiva, chi a piedi e chi a cavallo. Uno dei protagonisti della Prima crociata fu Goffredo di Buglione, duca della Bassa Lorena, il quale, partito da Ratisbona, attraversò l'Austria, l'Ungheria, la Romania e la Bulgaria per poi arrivare nel 1099 a Gerusalemme. Durante il viaggio uccise tutti quelli che ebbero la sfortuna d'incontrarlo e che si erano rifiutati di convertirsi alla religione cristiana, quindi musulmani, ebrei e perfino qualche cristiano orientale che, per motivi di lingua, non era riuscito a farsi capire. L'impresa si concluse con la presa di Gerusalemme. In pratica fu una strage gigantesca: in meno di tre giorni vennero massacrate più di ventimila persone, il tutto in nome di Gesù, di un uomo cioè che un migliaio di anni prima aveva detto: «Ama il prossimo tuo come te stesso».

Seconda crociata - 1147-49. Promotori: papa Eugenio III e Bernardo di Chiaravalle. C'erano anche l'imperatore Corrado III e il re di Francia Luigi VII. La voglia di sconfiggere i musulmani era enorme, ma tutto finì con una pessima figura dei nostri antenati a causa di un attacco abortito contro le mura di Damasco. E anche la fuga fu catastrofica: la cavalleria turca inseguì i crociati e li bersagliò con frecce avvelenate. La strada del ritorno si coprì di cadaveri e di carcasse di cavalli.

Terza crociata - 1189-92. È fra tutte la mia preferita, se non altro per il cast. Abbiamo Federico Barbarossa imperatore di Germania (morto annegato in un fiume appena un anno dopo), Riccardo Cuor di Leone re di Inghilterra e Filippo II re di Francia. Sul fronte opposto Yusuf ibn Ayyub Salahal-Din, anche detto il Saladino, che riconquistò Gerusalemme per conto dei musulmani. La crociata si concluse dopo otto anni di battaglie con un accordo: i cristiani avrebbero potuto visitare la Terrasanta quando e come volevano, a patto però che si limitassero a vederla, pregare, e andarsene via nel giro di ventiquattr'ore.

Quarta crociata - 1202-04. Promossa da papa Innocenzo III e fortemente voluta dai veneziani, equipaggiati dal doge Enrico Dandolo. Più che una crociata, fu una guerra di sterminio: i crociati, anziché dirigersi in Terrasanta, «deviarono» verso interessi concreti saccheggiando Costantinopoli e tutte le città che si trovavano sul loro percorso. Fecero fuori migliaia di Bizantini e crearono un Impero d'Oriente con a capo Baldovino di Fiandra.

Quinta crociata - 1217-21. Voluta da papa Onorio III, fu condotta da Andrea II re d'Ungheria e da Giovanni di Brienne. L'attacco questa volta venne da sud, per la precisione dall'Egitto. Arrivati in Terrasanta, però, i crociati furono costretti a darsela a gambe per manifesta inferiorità numerica. Da segnalare la partecipazione straordinaria di san Francesco d'Assisi, ovviamente disarmato.

Sesta crociata - 1228-29. Organizzata da Federico II, a quei tempi scomunicato da papa Gregorio IX, fu la crociata con meno morti e feriti della storia: si svolse, almeno nei primi tempi, più intorno a un tavolo di trattative che sui campi di battaglia. L'imperatore riuscì a farsi consegnare (pagando?) Gerusalemme, Betlemme e Nazareth, e si autoincoronò re della Terrasanta. Poi, dopo una tregua durata circa dieci anni, venne sconfitto a Gaza e se ne dovette tornare in Europa. Secondo alcuni, questa crociata viene considerata una continuazione della precedente.

Settima crociata - 1248-54. Anche questa proveniente dall'Egitto, fu indetta da papa Innocenzo IV ed ebbe come regista Luigi IX. Finì malissimo: lo stesso re Luigi fu fatto prigioniero e per riottenere la libertà fu costretto a pagare un forte riscatto ai musulmani, oltre a dover restituire tutti i territori che aveva occupato.

Ottava crociata - 1270. Secondo tentativo di Luigi IX, anche questo finito a schifio. Il re, nella speranza di vendicarsi della crociata precedente, si fece portare a Tunisi con un forte contingente di truppe. Ma prima ancora di mettere piede a terra, si buscò la peste: morì in una settimana e la crociata si sciolse. In compenso si guadagnò la santità, a beneficio dei posteri.

In conclusione: otto crociate, otto carneficine e un solo mandante: la Fede. Quando andiamo ad analizzare gli eventi storici che hanno recato più lutti all'umanità ci accorgiamo che a monte, come mandante, c'è sempre stato un capo religioso. Che poi il capo si chiami Davide, Urbano II o Bin Laden, il risultato non cambia.

A questo punto, però, mi tocca prolungare alquanto il discorso sulle Guerre Sante per descrivere meglio il sultano Yusuf ibn Ayyub Salahal-Din, anche noto come il Feroce Saladino. Questo terribile uomo, a conti fatti, occupò buona parte della mia vita di fanciullo verso la fine degli anni Trenta.

La ditta Perugina, all'epoca, a seguito di una fortunata trasmissione radiofonica intitolata «I quattro Moschettieri», lanciò un concorso di figurine che ebbe un successo straordinario: in Italia non si parlava d'altro. Si trattava di una raccolta di figurine tutte incentrate sui personaggi di un romanzo di Nizza e Morbelli. Volle il caso (o il progetto) che non tutte le figurine fossero state stampate nello stesso numero di copie, ragione per cui alcune divennero subito introvabili. Da qui le quotazioni diverse e le conseguenti contrattazioni.

A Napoli, in piazza dei Martiri, davanti al negozio della Perugina, si radunavano masse di collezionisti tutte alla ricerca delle figurine rare. Io all'epoca avevo solo dieci anni e il negozio di guanti di mio padre era adiacente a quello della Perugina. Data la vicinanza divenni una specie di agente di cambio delle figurine introvabili e, oltre al *Feroce Saladino,* mi specializzai nella *Bella Sulamita,* nel *Cagnolino pechinese* e nelle *Figlie di Ramsete.* Chi le voleva doveva trattare con il sottoscritto. Oltretutto le commesse della Perugina spesso e volentieri mi passavano qualche pezzo pregiato. Il concorso, poi, era diventato a tal punto popolare da costringere l'EIAR (la RAI dell'epoca) a rimandare, la domenica dopo pranzo, la cronaca delle partite di calcio, per dar modo al programma radiofonico di trasmettere le canzoncine dei personaggi più in voga. Fra tutte ricordo quella di re Luigi:

Sta Luigi re di Francia
con tre pulci sulla pancia:
una salta e l'altra vola,
l'altra spara la pistola.

Oppure quella cantata dal mai abbastanza rimpianto Nunzio Filogamo nei panni del moschettiere Aramis:

O Saladino, col fez e lo spadino,
gran saracino sei stato tu.
Provocate hai tu quelle crociate
che abbiamo studiate in gioventù.

Da una figurina del *Feroce Saladino* si potevano ricavare cento lire e più, pari grosso modo a trecentomila lire dei giorni nostri (erano i tempi della canzone *Se potessi avere mille lire al mese*). Centocinquanta album completi davano diritto a una Fiat Topolino. Io ci provai ma non riuscii mai ad andare oltre i tre album.

XVIII

Le streghe

Come era messa la donna nel Medioevo? Diciamo male, anzi malissimo, un pochino peggio di come stavano le afghane sotto i talebani. Non poteva uscire di casa. Non poteva parlare con gli estranei, né andare a scuola né occupare posti di potere. (D'altronde, perfino mia madre, vissuta in epoca più moderna, e cioè nella prima metà del secolo scorso, pur appartenendo a una famiglia cosiddetta «per bene», in quanto femmina, non era andata oltre la terza elementare.) Solo ai maschi era consentito frequentare le scuole superiori. La donna doveva starsene a casa, buona buona, e aspettare che qualcuno (possibilmente ricco) se la sposasse. Quasi sempre la scelta non la faceva la diretta interessata, ma i suoi genitori o un'intermediaria. D'altra parte, come avrebbe potuto scegliersi il futuro sposo se non le era mai stato permesso di cacciare il naso fuori dalla porta di casa?

Il percorso abituale di una donna medioevale, se bruttina, era letto-cucina, o cucina-letto. Se, invece, era bella veniva messa agli arresti domiciliari nel gineceo.

Oddio, non che all'epoca di Pericle si vivesse meglio. Un solo episodio per rendersene conto. È l'ultimo giorno di vita di Socrate. Il grande filosofo sta in carcere, circondato dai suoi discepoli, quando ecco apparire sua moglie Santippe.

«O Socrate» dice la poverina, cercando di abbracciarlo, «questa è l'ultima volta che ti vedo! Tu muori innocente.»

E lui, per tutta risposta, rivolgendosi a Critone: «Che qualcuno la porti via, per favore, altrimenti questa qui non ci lascia parlare».

La donna nel Medioevo era considerata il simbolo vivente del peccato originale. «La porta del diavolo», per dirla con Tertulliano. La classifica della stima vedeva al primo posto la vergine, al secondo la vedova e al terzo la donna maritata. Intorno all'anno Mille, poi, non ci voleva niente a far fuori una donna attraente. Bastava mettere in giro la voce che aveva avuto rapporti sessuali col demonio e la sventurata era bella che fritta, o per meglio dire «arrostita»: veniva condannata al rogo dopo aver subìto un'adeguata tortura e aver raccontato per filo e per segno tutto quello che aveva fatto col demonio. Una scena del genere è possibile vederla in quel film capolavoro di Ingmar Bergman intitolato *Il settimo sigillo*. Il crociato interpretato da Max von Sydow si avvicina alla presunta strega e le chiede se davvero ha avuto rapporti con Satana, e lei, poverina, legata a una croce, con i polsi fratturati da precedenti torture, risponde di sì con un filo di voce, non avendo più nemmeno la forza di negare. Dopodiché il rogo.

Racconta Carlo il Buono: «Un giorno il conte di Thierry incontrò sulla strada di Lilla una donna che gli spruzzò addosso dell'acqua. Ebbene, non ci crederete, ma da quel giorno il povero conte si ammalò di stomaco al punto da non poter più mangiare senza vomitare subito dopo. Ordinai, allora, ai miei cavalieri di rintracciare la strega, di legarla mani e piedi e di bruciarla viva». Ed era Carlo il Buono: immaginiamoci se fosse stato il Cattivo!

I secoli in cui furono bruciate più donne sono stati il XIII e il XIV, quelli cioè dove a comandare era l'Inquisizione. La prima strega fu bruciata a Tolosa nel 1244. Famoso nel Trecento il supplizio di santa Guglielma la Boema. L'accusa più grave era quella di aver partecipato a un sabba. Ma che cos'era un sabba? È presto detto: innanzi tutto, ci si arrivava volando a cavallo di una scopa, poi si partecipava a un banchetto, il più osceno che si potesse immaginare, e infine c'era la grande ammucchiata: streghe, demoni, scimmioni, cani mostruosi con due organi genitali, lupi, asini e via dicendo. Eccone uno descritto da Tersilla Gatto Chanu.

Al sabba partecipavano uomini e donne di ogni tipo, età e ceto, ma soprattutto persone insoddisfatte della vita, donne sole, vedove, zitelle e puttane. Erano le «streghe», il cui nome deriva da strix, *il rapace notturno di ovidiana memoria, simbolo di un mondo tenebroso popolato d'insidie e di orrori. L'azione si svolgeva secondo un canovaccio fisso: l'arrivo a cavallo di una scopa o di un pezzo di legno, l'omaggio al diavolo, il battesimo alla rovescia, il banchetto, le danze e per finire l'orgia sfrenata che si protraeva fino al mattino.*[1]

Tra le accuse più pesanti, quella di aver praticato l'omaggio a Satana, ovvero di avergli baciato l'ano, di aver succhiato il sangue dei cristiani e di aver mangiato le teneri carni dei neonati. Tutte cose inventate, ovviamente, ma più che sufficienti per mandare al rogo una povera disgraziata.

Una grande dimostrazione di stregoneria per le povere malcapitate era costituita in alcuni paesi dalla «prova di galleggiamento»: l'accusata veniva buttata letteralmente in un fiume e se non andava a fondo significava che era una strega. Si dà il caso, però, che all'epoca molte donne sotto gli abiti lunghi e pesanti portassero varie sottovesti, sottane, corsetti e mutandoni, e che quindi le probabilità di rimanere a galla, formando con gli abiti quasi una ruota sull'acqua, fossero abbastanza alte...

L'anno che segna il passaggio della donna da essere inferiore a essere umano pari all'uomo è il 1968. Ogni volta che raccontiamo la storia di una donna dobbiamo precisare se i

[1] Tersilla Gatto Chanu, *Le streghe*, Newton & Compton, Roma, 2001, p. 11.

fatti che la riguardano sono avvenuti prima o dopo l'inizio dell'era femminile. Mia sorella Clara, ad esempio, fino al giorno del matrimonio, avvenuto a trent'anni, non era mai uscita di casa da sola. Ricordo che una volta litigai con mia madre perché pretendeva che io l'accompagnassi insieme al fidanzato a comprare le bomboniere. «Non li lasciare soli» mi disse, «nemmeno nell'ascensore.» «Ma quelli si debbono sposare tra una settimana!» obiettai io. «Sì» ammise mia madre, «ma non si sa mai. E poi se la gente li vede tutti e due soli, che pensa?» Tutto questo non avveniva nel Medioevo ma a Napoli nel 1953.

Comunque, che la donna fosse un essere inferiore non lo pensavano solo il popolino, ma anche gli intellettuali. Abelardo, tanto per fare un nome, illustrando il passo della Bibbia dove si dice che Nostro Signore creò l'uomo a propria immagine e somiglianza, tiene a precisare che l'immagine era da riferirsi all'uomo e la somiglianza alla donna. E san Tommaso, nella *Summa contra gentiles,* scrive a chiare lettere che l'anima della donna è un'anima di seconda qualità, in pratica un'animuccia. Eppure, sia Abelardo che Tommaso erano due intellettuali di eccezionale livello.

Un residuo di questi pregiudizi si trova ancora nell'animo di alcuni miei concittadini. A Napoli, ad esempio, quando un automobilista si accorge che l'auto che lo precede ha svoltato all'improvviso senza mettere la freccia e che è guidata da una donna, non può fare a meno di esclamare: «*È 'na femmena!*».

XIX

Abelardo

Se una volta finito in Purgatorio avessi bisogno di un avvocato, non avrei dubbi: sceglierei Pietro Abelardo e sarei sicuro di salire dritto in Paradiso. Non c'è mai stato nessuno al mondo, e mai ci sarà, più convincente e abile di Abelardo nell'uso della parola.

La paura dell'anno Mille era da poco passata e tutti si davano un gran daffare per incontrarsi, parlare, sentirsi vivi e possibilmente litigare. E in quanto a litigare Abelardo non aveva rivali: due scuole frequentò da giovane e due volte fu cacciato nel giro di pochi mesi. I rispettivi maestri, i famosi Roscellino di Compiègne e Guglielmo di Champeaux, lo sbatterono fuori a pedate, se non altro perché, ogni volta che iniziavano una lezione, lui si alzava in piedi e li contestava, e il peggio era che aveva sempre ragione, tra gli applausi dei compagni di scuola. In genere gli argomenti erano quasi sempre gli Universali, ma in realtà quello che davvero importava ad Abelardo era il poter vincere il duello dialettico. Non sopportava che qualcun altro potesse dire cose inesatte in sua presenza e tanto litigava e tanto si dava da fare che alla fine gli davano ragione.

Con Pietro Abelardo si ravviva il contrasto tra dialettica e misticismo, almeno in apparenza, dal momento che il nostro si serviva della dialettica solo per affermare i principi della teologia. Tre, a suo dire, le divinità che contavano sul serio e precisamente: il Padre (ovvero la *Potenza*), il Figlio (ovvero la *Sapienza*) e lo Spirito Santo (ovvero la *Carità*). Per il resto si divertiva a parlare degli Universali. Né avrebbe potuto farne a meno dal momento che all'epoca non si riusciva a parlare d'altro. Ne parlava, però, solo per dimostrare che, a testimonianza dell'esistenza di Dio, c'era un che di comune nell'apparente varietà dei generi. Su questi concetti riuscì a litigare con tutti, anche con i suoi maestri: Roscellino e Guglielmo. Per Roscellino gli Universali non esistevano, erano solo una emissione di voce, un *flatus vocis*. Per Guglielmo, invece, esistevano e come! A suo dire, erano sistemati addirittura nella mente di Dio. A quel punto si faceva avanti Abelardo e riusciva a trovare una terza posizione. Gli Universali, diceva, non sono né una «voce» né una «cosa», ma solo una capacità dell'animo umano di cogliere quello che c'è d'immutabile nel variabile. Come dire che era l'uomo ad averli individuati e non i vari generi a possederli dentro. Nel suo libro *Sic et non* scrive testualmente: «L'Universale non può essere una realtà giacché una realtà non può essere il predicato di un'altra realtà».

Abelardo stava sulle scatole a molti, e più di tutti a Bernardo di Chiaravalle, il vero fondatore dell'Ordine dei cistercensi. A un monaco di quel livello un libero pensatore come Abelardo non poteva che dare fastidio. Troppo intellettuale, troppo disinvolto nel modo di esprimersi e, diciamola tutta, anche troppo libertino per uno come lui. Hai voglia a mantenere nascosti certi episodi: prima o poi si vengono a sapere, e per di più era l'etica stessa di Abelardo a fare a cazzotti con il misticismo di Bernardo. Spiegata in termini elementari, l'etica di Abelardo consisteva nel credere che il Bene e il Male non fossero due valori a sé stanti, ma solo due modi di essere in cui l'intenzione era di gran lunga più importante dell'azione, e, dal momento che solo Dio è a conoscenza delle nostre intenzioni, solo Dio potrà un giorno giudicarci. Un modo, questo, di concepire il peccato non molto lontano dal famoso «ama con animo puro e poi fai quello che vuoi» di sant'Agostino.

Abelardo divenne famoso più per le sue vicende private che non per i suoi principi filosofici. Raccontarne la vita oggi è abbastanza facile, se non altro perché è lui stesso, in una lettera lunghissima scritta a un amico, intitolata *Historia calamitatum mearum* (*Storia delle mie disgrazie*), a descrivere tutto quello che gli è capitato, dal giorno della nascita fino al giorno in cui, indossata la tonaca, corse il rischio di essere scannato dagli altri monaci, tutti invidiosi delle sue qualità. Eccone, comunque, alcuni stralci significativi:

Sono nato in un paese chiamato Pallet che sorge in Bretagna a circa otto miglia a oriente di Nantes. La mia terra d'origine mi ha trasmesso il gusto per le lettere e anche mio padre, prima di abbracciare la vita del soldato, si era molto dedicato allo studio. Così volle per me. Io, essendo il primogenito, ero il suo preferito, ragione per cui non mi fece fare la carriera militare e m'insegnò la dialettica.

Divenni un buon maestro peripatetico finché, dopo aver girato in provincia, non giunsi a Parigi per frequentare la scuola di Guglielmo di Champeaux.[1]

Ed è qui che cominciano i guai. Il maestro Guglielmo di Champeaux prima lo accoglie con entusiasmo, poi, vistosi confutato sotto gli occhi dei suoi stessi allievi, lo caccia in malo modo. Abelardo, però, non si scoraggia per così poco: apre una scuola personale, a Melun, a una cinquantina di chilometri da Parigi, e dichiara:

Ben presto la mia fama si diffuse ovunque nel campo della dialettica, e, a poco a poco, oscurò non solo quella dei miei vecchi compagni di studio, ma anche quella del mio maestro Guglielmo di Champeaux.

[1] Abelardo, *Storia delle mie disgrazie*, Garzanti, Milano 1974.

A questo punto non lo ferma più nessuno: apre una seconda scuola a Corbeil, e, quando viene a sapere che il suo ex maestro e nemico Guglielmo è andato in pensione, frega il posto al suo successore, seppure per un breve periodo.

Dire quanta invidia e quanto dolore provò Guglielmo nei giorni in cui io ressi la scuola di dialettica, è impossibile. Livido di bile e roso dalla rabbia, cercò con l'astuzia di farmi allontanare di nuovo. E dal momento che l'invidia è come il vento, che tanto più alta è la cima dell'albero, tanto più lo scuote, fui costretto a ritrasferirmi a Melun.[2]

Tra una scuola e l'altra, però, accade un fatto determinante. Abelardo conosce Eloisa, una giovane studentessa, e la sua vita cambia di colpo. In altre parole scopre l'esistenza del sesso.

Io, fino a quel momento, non avevo mai frequentato immonde prostitute, avendo deciso di dedicarmi solo allo studio dei sacri testi. Ma Eloisa era tutta un'altra cosa: non ultima per bellezza, superava tutte le sue colleghe per cultura, dote questa molto rara tra le donne. Era la nipote di tale Fulberto, un vecchio canonico che le voleva tantissimo bene.[3]

Insomma, per farla breve, tra Abelardo ed Eloisa scoppia l'amore. Lui ha quarant'anni, lei sedici. Il filosofo, poi, per poterla vedere con più libertà si mette addirittura a pensione in casa dello zio.

Fulberto era molto avido di denaro e desiderava che la nipote si perfezionasse negli studi letterari.

Mi dette perfino il permesso di batterla se non si fosse applicata. Io mi stupii: era come affidare una tenera agnella a un lupo af-

2 *Ibid.*
3 *Ibid.*

famato. Aprivamo i libri ma si parlava solo d'amore e mai di filosofia.

Erano più i baci che le spiegazioni. E le mie mani toccavano più il suo seno che non i libri. Non molto tempo dopo Eloisa si accorse di essere incinta. Me lo disse piena di gioia e mi chiese cosa dovesse fare. Così una notte, quando lo zio era assente, la rapii e la condussi nel mio paesello finché non nacque un bambino a cui demmo nome Astrolabio.[4]

Dopo essere diventato padre, Abelardo torna a Parigi e sposa Eloisa. Per evitare lo scandalo, però, celebra il matrimonio di notte: uscirono tutti e due dalla chiesa separatamente e da quel momento si videro solo di nascosto. Ma a zio Fulberto il fatto che Abelardo avesse approfittato della nipote non andava giù, e...

una notte, dopo aver corrotto un mio servo, mentre dormivo, mi punì con la più crudele e infamante delle vendette: mi fece tagliare la parte del corpo con cui avevo commesso il delitto. Il mattino dopo tutta la città era radunata davanti alla mia casa.

Narrare ora lo stupore, i lamenti e le grida degli amici, sarebbe difficile e forse impossibile.[5]

Non tutti però piansero. Il suo ex maestro Roscellino addirittura lo prese in giro. Gli inviò una lettera dove gli diceva: «Ci sono pezzi del tuo corpo che valgono molto di più. Ringrazia Nostro Signore se ti hanno tolto solo quello». Ma Abelardo non rise: si ritirò in convento e lo stesso fece fare a Eloisa. Lui divenne monaco a Saint-Denis, lei monaca ad Argenteuil. Da quel momento si scrissero soltanto.[6] Le loro lettere sono affascinanti. Se ne consiglia la lettura. Comun-

4 *Ibid.*
5 *Ibid.*
6 Abelardo, *Lettere di Abelardo e Eloisa*, Rizzoli, Milano 1996.

que, per quanto possibile, cercherò di riassumere almeno le prime quattro.

La prima lettera di Eloisa

Al suo signore, anzi padre, anzi fratello, anzi sposo; la sua ancella, anzi figlia, anzi sorella, anzi sposa: ad Abelardo la sua per sempre Eloisa.

Il terribile oltraggio che è stato inflitto al tuo corpo ti fa capire quanta invidia ci fosse nei tuoi riguardi. Tu sai quanto ti ho amato e quanto ti amo.

A legarmi non è stato il vincolo del matrimonio ma ilmio amore. Dio mi è testimone: ti ho sempre ubbidito.

Per te sono disposta a essere definita sposa, amica, amante e perfino sgualdrina. Se Augusto in persona mi avesse chiesto in moglie io avrei preferito fare la puttana con te, piuttosto che l'imperatrice con lui.

Tu hai due cose che in genere i filosofi non hanno: il fascino della parola e la grazia dei tuoi versi.

La lettera continua su questo tono finché verso la fine la fanciulla prende coraggio e gli rinfaccia di non essersi fatto più vivo:

Dimmi soltanto perché dopo il nostro ritiro mi hai abbandonato. Non mi vieni a trovare e non mi scrivi.

Il tuo interesse per me, allora, era solo attrazione fisica e non amore. In nome di Dio ti supplico: fatti vivo. Un tempo, quando mi cercavi per soddisfare le tue turpi voglie, mi scrivevi sempre. Ora non più.

Ed ecco in sintesi la risposta di Abelardo.

La prima risposta di Abelardo

A Eloisa, sorella carissima in Cristo, Abelardo suo fratello in Cristo. Se dopo la nostra fuga dal mondo non ti ho ancora scritto una parola, lo si deve al fatto che ho per te una grandissima stima.

Ho pensato che una donna come te non avesse bisogno di aiuti del genere. Tu sei l'unica in grado di ricondurre sulla retta via chi ha sbagliato e sai incoraggiare chi è ancora incerto. E come? Con la preghiera. È necessario che noi, in espiazione dei nostri numerosi peccati, si preghi il Signore. Sai bene quanto siano efficaci le preghiere delle donne.

La continenza e la castità delle monache è quanto di più efficace possa esistere in questi casi. Ricordami sempre nelle tue preghiere e non stancarti mai. Dio Padre, ne sono sicuro, avrà pietà di noi.

La seconda lettera di Eloisa

A colui che è tutto per lei dopo Cristo. Mi stupisce che tu, mio unico bene, ponga nella tua lettera il mio nome prima del tuo, cioè la donna prima dell'uomo, la moglie prima del marito, l'ancella prima del padrone, la monaca prima del monaco. E un'altra cosa mi ha stupito: la tua lettera avrebbe dovuto confortarmi e invece ha aumentato i miei pianti e il mio dolore.

Mi scrivi che saresti pronto a morire, e come pensi che io, poi, potrei continuare a vivere senza di te?

«Che bisogno c'è» disse Seneca «di anticipare le disgrazie e perdere la vita ancor prima di morire?»

Me infelice e disgraziata tra tutte le donne. Tu mi hai sollevata più in alto solo per aumentare il dolore della caduta. Mentre ci abbandonavamo ai piaceri della lussuria, Dio ha fatto finta di non accorgersene, poi ci ha puniti: e nemmeno il nostro matrimonio ha diminuito la sua collera. Il Maligno sa fin troppo bene servirsi di una donna per poi rovinare un uomo. A peccare eravamo in due, tu solo però hai pagato. Ora soffro anch'io. Troppo a lungo mi sono abbandonata ai piaceri della carne e questo è il giusto ca-

stigo. Mi perseguita il ricordo. Persino a Messa, quando la preghiera dovrebbe farmi sentire più pura, i ricordi mi tormentano la mente, e invece di pentirmi, rimpiango quello che ho perso. La gente loda la mia castità solo perché non sa che in realtà sono un'ipocrita. La mia abilità nel fingere li trae in inganno, ma io non sono guarita: ti penso, ti amo, ti voglio, ti desidero, come prima e più di prima.

La seconda risposta di Abelardo

Alla sposa di Cristo il suo servo. In quattro punti esponi la tua anima offesa. Prima mi rimproveri per aver messo il tuo nome prima del mio, poi mi accusi che invece di consolarti ho aumentato i tuoi pianti, poi ti sei abbandonata ancora una volta alle solite recriminazioni nei confronti di Dio, e infine mi hai invitato a non sopravvalutare i tuoi meriti reali.

Risponderò punto per punto. Per quanto riguarda la formula del saluto, ho rispettato la consuetudine che vuole il nome del superiore davanti all'inferiore, e tu, lasciamelo dire, mi sei superiore. Per quanto riguarda la seconda accusa, sei stata tu a chiedermi di tenerti informata delle mie sofferenze, ricordati comunque di quello che dice l'Apostolo: «Tutti coloro che vogliono vivere in Gesù Cristo debbono soffrire».

Terzo: non dimenticare quanto Dio ha fatto per te.

Per quanto riguarda infine il rifiuto di qualsiasi lode, sono d'accordo. Hanno scritto «chi si umilia si esalta» e io ti auguro di umiliarti ancora.

Seguono altre otto lettere: quelle di Eloisa, una più struggente dell'altra, quelle di Abelardo tutte improntate al pentimento e all'amore per il Cristo. Che dire? Secondo me, lei era una persona deliziosa, un essere eccezionale, sempre sincera. Per quanto riguarda lui, invece, non sono altrettanto sicuro: o era un bacchettone o un figlio di buona donna.

Ma la storia non finisce qui. Il primo a morire fu Abelardo nel 1142. Lei lo seguì a ventidue anni di distanza e prima di esalare l'ultimo respiro chiese a Pietro il Venerabile di essere sepolta insieme al suo grande amore. Disse che quello era stato l'ultimo desiderio di Abelardo. Il Venerabile l'accontentò ma nei secoli successivi le salme vennero trasferite in loculi separati, fino a quando, verso la fine del Settecento, le autorità religiose le rimisero in un'unica tomba nei sotterranei della cappella di Saint-Leger, e posero tra i due amanti una lastra di piombo in modo che gli scheletri non potessero approfittare della situazione.

XX
Averroè

Averroè è un nome che mi piace, suona bene. Una volta c'era un cavallo di trotto che si chiamava Averroè. Ci giocai sopra dieci lire e ne vinsi sessanta. Sessanta lire di allora, sia chiaro. Resta comunque tra i miei ricordi più belli: non è facile prendere un vincente a sei. Oggi, invece, è noto alle persone di media istruzione come un filosofo aristotelico.

Pur essendo arabo, Averroè, o Ibn Rushd che dir si voglia, apparteneva alla cultura occidentale. Nacque in Spagna, a Cordova, nel 1126. Come filosofo fu il più razionale di tutti quelli che abbiamo incontrato finora. Diciamo pure che era un ammiratore sfegatato di Aristotele e che fece carte false perché tutti se ne innamorassero. Di Aristotele diceva: «È colui che ha messo la parola fine alla filosofia», e per farlo capire anche al suo prossimo ne compilò addirittura tre traduzioni diverse con tre livelli di leggibilità. Era convinto, ad esempio, che a questo mondo esistono più razze di comunicatori: i filosofi che parlano tra di loro, i teologi che parlano agli allievi e i predicatori che parlano alle masse. Donde i tre trattati: *Il commento grande, Il commento medio* e *Il commento piccolo.* Tutti gli accademici, a mio avviso, dovrebbero tener conto di questo consiglio di Averroè e fare di ogni saggio sempre tre versioni: sarebbe meglio per loro e meglio per noi. Perfino Dante Alighieri lo cita con ammirazione, ovviamente nell'Inferno,[1] e lo definisce l'«*Averoìs, che 'l gran comento feo*». Chissà poi perché, sempre Dante, piazza invece in Paradiso uno dei suoi più fervidi ammiratori, tale Sigieri di Brabante, accreditandolo addirittura di «*luce etterna*».[2] Misteri della *Divina Commedia*!

Due sono le idee che distinguono Averroè dagli altri filosofi: l'idea della non nascita dell'Universo e l'idea della compatibilità della filosofia con il Corano. Esaminiamole entrambe.

La prima è quella secondo la quale Dio e l'Universo sarebbero nati insieme, nel medesimo istante, o, per meglio dire, non sarebbero nati affatto. Per capire questo principio bisogna accettare l'idea che l'eternità non è una dimensione che ha a che fare col tempo: non è un film che inizia con i titoli e termina con la parola FINE. Come è sbagliato dire «prima di Dio», così sarebbe sbagliato dire «prima dell'Universo», giacché né Dio né l'Universo hanno un «prima» e un «dopo». L'unica concessione divina è quella di far credere ai viventi che il tempo stia passando, quando in realtà, essendo ciclico, non solo non passa, ma torna al punto di partenza. Non credere nell'eternità fa cadere anche il bisogno di credere nell'anima e nell'Aldilà, e scusate se è poco.

Nel suo *De anima*, Averroè afferma che alcuni individui sono più predisposti di altri ad accogliere i concetti intelligibili, salvo poi perderli per sempre non appena il corpo si dissolve. Come dire: «Finché sei vivo sei qualcuno, poi, mi dispiace per te, amico mio, ma non c'è niente da fare. La morte è una livella», come disse un filosofo, a me molto caro, ottocento anni dopo.

[1] Dante, *Divina Commedia*, Inferno, IV, 144.
[2] *Ibid.*, Paradiso, X, 136.

La seconda idea è quella in base alla quale non esisterebbe alcuna incompatibilità tra il Corano e la filosofia. E qui il compito si fa duro! Averroè, comunque, non ebbe pace finché non trovò nel Corano alcuni passi che gli davano ragione. D'altra parte, nel libro sacro dei musulmani, ci sono concetti che a volte si contraddicono: alcuni parlano di creazione dal nulla, altri, invece, di mutazione di un qualcosa in un altro qualcosa, il tutto mentre «Allah, assiso sul trono, guarda e si libra sulle acque», ovvero si fa i fatti suoi. Certo è che con le sue idee il nostro filosofo si tirò addosso critiche a non finire. Chi lo attaccò, però, fu a sua volta castigato. Al collega al-Ghazzali che alcuni anni prima aveva scritto *La distruzione dei filosofi*, proprio per mettere sotto accusa Aristotele e i suoi seguaci, Averroè dedicò un intero libro intitolato *La distruzione della distruzione dei filosofi*.

D'altra parte tutti quelli che credono nell'Aldilà (di Dio, di Jahvè o di Allah, non ha importanza), e quindi nel Paradiso, nel Purgatorio e nell'Inferno, non possono accettare una filosofia che sottrae ai sacerdoti tutti gli strumenti necessari per ricattare i fedeli. In mancanza di un Aldilà, nessuno avrebbe più potuto dire a un peccatore: «Pentiti, figlio mio, e chiedi perdono a Dio, altrimenti dopo saranno guai».

Averroè cominciò come medico di corte. Oltre alla medicina, conosceva benissimo la teologia, la giurisprudenza, la matematica e la filosofia. Insomma era quello che oggi si direbbe un tuttologo. Una volta, poi, superati i trent'anni, divenne *cadì*, cioè giudice popolare, e infine studioso e traduttore di Aristotele. Pare che a convincerlo a dedicarsi alla filosofia sia stato proprio il califfo Yussuf in persona. È lo stesso Averroè a dircelo in un suo scritto:

Un giorno Abu Yakub Yussuf mi fece chiamare e si lamentò con me dell'oscurità di Aristotele.

«Perché non lo studi a fondo» mi disse «e non lo spieghi anche

agli altri? Tu possiedi tutti i requisiti per farlo. Io non me ne occupo perché ho altre cose da fare.»

Malgrado l'avallo del califfo, però, gli integralisti islamici, quelli tosti, quelli per i quali il solo pronunciare il nome di Allah equivaleva a commettere un sacrilegio, gli resero la vita difficile. Eppure lui, poverino, aveva dimostrato che non c'era conflittualità tra la filosofia e la religione musulmana, aggiungendo che «proibire la filosofia con la scusa che potrebbe allontanare i fedeli da Allah era come proibire l'acqua a un assetato con la scusa che lo potrebbe affogare».[3] Ma non ci fu nulla da fare. Gliene dissero di tutti i colori: che era un cinico, un razionalista, un uomo «dalla doppia fede» e un parlatore dalla «doppia lingua».

Alla fine lo esiliarono in Marocco, a Marrakech, dove morì a settantadue anni con grande soddisfazione dei suoi avversari.

[3] Averroè, *Il trattato decisivo*, Rizzoli, Milano 1994, p. 45.

XXI
Maimonide

Il mio filosofo medioevale preferito è sempre stato l'ebreo Maimonide, per l'anagrafe Mōsĕh ben Majmôn. Anche lui, come Averroè, nato a Cordova agli inizi del XII secolo, e anche lui arabo e medico praticante. Perché preferito? Perché scrisse un libro intitolato *Guida dei perplessi* e dedicato a tutti quelli (come me) che respingono sia la fede che l'ateismo. Maimonide in pratica dice: facciamo delle ipotesi, magari anche ottimistiche, e poi speriamo che si avverino.

A questo punto è d'obbligo che io mi confessi: quando qualcuno mi chiede come sono messo in fatto di religione, rispondo sempre: «Grazie a Dio, sono ateo». Naturalmente lo dico solo per amore di battuta: in realtà non lo sono affatto. Considero il credente e l'ateo due presuntuosi che si dichiarano sicuri di certi principi, ma che in pratica tirano a indovinare. Lo confesso: spero tanto che vinca il primo. Nel frattempo mi definisco un agnostico, o tutt'al più un dubbioso positivo. Mi sta bene, quindi, che ci sia stato un filosofo che abbia dedicato un intero libro ai perplessi. Invidio i credenti, ma amo gli incerti e tutti quelli che li difendono!

Maimonide, poveruomo, cercò di conciliare la filosofia (in particolare quella di Aristotele) con il Corano e le Sacre Scritture. Ovviamente non ci riuscì. Pur tuttavia, dal momento che si rivolse esclusivamente ai filosofi, creò quanto meno i presupposti perché certi problemi si potessero discutere in pubblico senza per questo essere definiti miscredenti o eretici. Sotto sotto teneva per Aristotele, ma sempre senza farsene accorgere.

Diceva che la scienza, la filosofia e la religione potevano convivere come se fossero sorelle. Poi aggiungeva: «Non ci sono motivi per non ipotizzare un Creatore all'origine di tutte le cose, e un Creato venuto fuori a partire da un certo istante. Che l'Universo sia eterno non vuol dire che non possa aver avuto un inizio anche lui».

Insomma, Maimonide era un tollerante, e, come tutti i sostenitori del Dubbio, ascoltava con apertura mentale ogni tesi che non facesse a pugni con la logica.

Un'altra dote che mi rende simpatico Maimonide è la sua avversione per gli astrologi e i maghi in genere. Un giorno, in risposta ai dubbi di una comunità ebraica residente in Francia, secondo cui tutte le azioni umane sarebbero state già stabilite dalle costellazioni, lui rispose: «Non diciamo fesserie: la responsabilità delle azioni umane è solo di coloro che le commettono, e soltanto gli stupidi, o gli imbroglioni, possono attribuirne la colpa agli astri».

A tale proposito, Maimonide è convinto che in Cielo esistano dieci sfere intelligenti di grandezza crescente e che la decima, da lui definita Intelletto Agente, sia il massimo dell'intelligenza possibile. Sotto le dieci sfere, poi, vivrebbe il nostro mondo, quello sublunare, dove ogni essere avrebbe cinque facoltà: la nutritiva, la sensitiva, l'appetitiva, l'immaginifica e l'intellettiva. Come dire che si nasce animali e si muore uomini, ovviamente chi più e chi meno.

Che Nostro Signore tenga conto della bontà d'animo di Maimonide e che gli perdoni le perplessità. Sono convinto che il giorno in cui si è presentato in Paradiso Dio gli abbia detto: «Hai visto che ci sono?».

E che lui abbia risposto: «Sì, e mi fa piacere, ma soprattutto per lei».

XXII

Gioacchino da Fiore

Diciamo la verità: finora tutta l'attenzione dei filosofi cristiani era stata dedicata al Padre e al Figlio, poca, per non dire nessuna, allo Spirito Santo. La maggior parte dei Padri della Chiesa, infatti, lo aveva tirato in ballo solo per rendere credibile la verginità della Madonna, per il resto non lo nominava neppure. Ebbene, ci penserà il filosofo Gioacchino da Fiore a rivalutarlo con questa dichiarazione: «La storia dell'umanità può essere divisa in tre Ere consecutive, l'una diversa dall'altra: la prima, quella che va dalla Creazione dell'Universo alla nascita di Gesù, dove a comandare è stato il Padre, la seconda, dalla nascita di Gesù a oggi, caratterizzata dal Figlio, e la terza, quella che sta per iniziare proprio in questi giorni, gestita dallo Spirito Santo. Tre anche gli ideali relativi cui ispirarsi: la Legge, la Grazia e la Libertà».

Non a tutti, però, piacque questo tentativo di equiparare i tre Personaggi della Trinità. C'era chi classificava Dio al primo posto, Gesù al secondo e lo Spirito Santo al terzo. Altri, invece, Gesù al primo, Dio al secondo e lo Spirito Santo al terzo, ma nessuno, dico nessuno, che avesse dato un po' più spazio allo Spirito Santo.

A dare una mano a Gioacchino, e a rivalutare la Santa Trinità, provvide Dante Alighieri quando, nel Purgatorio, affermò senza mezzi termini che...

Matto è chi spera che nostra ragione
possa trascorrer la infinita via
che tiene una sustanza in tre persone.

State contenti, umana gente, al quia;
ché, se potuto aveste veder tutto,
mestier non era parturir Maria.[1]

Come dire che, se lo Spirito Santo si è dato tanto da fare per far partorire la Madonna, una ragione ci doveva pure essere.

Gioacchino da Fiore, *«il calavrese abate Giovacchino di spirito profetico dotato»*,[2] nacque a Celico in provincia di Cosenza nel 1130 e morì in una cittadina della Sila chiamata San Giovanni in Fiore nel 1202. All'inizio si fece monaco, poi si rese conto che chiudersi per sempre in un monastero sarebbe stata una vita sprecata, e pensò bene di peregrinare in lungo e in largo per tutta l'Italia per dedicarsi alla predicazione. Il suo problema numero uno era il carattere. Diciamo la verità: era un incazzoso terribile. Nel corso della vita non fece altro che litigare, soprattutto con le autorità religiose. Certo è che venne condannato per eresia e «triteismo» da un concilio lateranense messo in piedi solo per lui. Ma che vuol dire «triteismo»? Vuol dire credere in tre divinità invece che in una. Gioacchino era colpevole di averci scritto sopra addirittura un'opera intera, intitolata per l'appunto *Libellus de unitate et essentia Trinitatis.*

In realtà le sue ambizioni non si limitavano a una semplice rivalutazione dello Spirito Santo. La Chiesa nel corso degli ultimi secoli aveva subìto, a suo giudizio, una grave involuzione: da una vita fatta di rinunce e di preghiere era

1 Dante, *Divina Commedia*, Purgatorio, canto III, 34-39.
2 *Ibid.*, Paradiso, canto XII, 140-141.

passata a uno sfoggio di rilassatezze degno della peggiore corte medioevale; tutto questo per colpa delle autorità ecclesiastiche che avevano preso il potere. Lui, Gioacchino, con l'annuncio della terza Era, quella dello Spirito Santo, voleva mettere in guardia tutti i boss della cristianità, Papa compreso, affinché recuperassero l'antico spirito dei Padri della Chiesa. Come ben sappiamo, fece un buco nell'acqua: un conto era fare il monaco in Calabria e un altro il cardinale a Roma.

Il suo massimo desiderio era poter vedere camminare sottobraccio i cristiani e gli ebrei dopo aver reso l'Antico e il Nuovo Testamento un unico testo. «Se Dio esiste» era solito dire, «non può essere che Uno, e allora che senso ha chiamarlo con nomi diversi?»

Ovviamente non riuscì a unificare le due religioni; in compenso, però, fu molto amato dai mendicanti che lo elessero a loro guida spirituale, e, nel medesimo tempo, considerato un rompicoglioni dai ricchi. Usando termini attuali, potremmo dire che era un estremista della cristianità, di sinistra ovviamente: i poveri stavano dalla sua parte e i meno poveri dalla parte opposta. Come dire che gira gira e certe posizioni restano comunque immutate. Che si tratti di politica o di religione, alla base c'è sempre da un lato l'invidia e dall'altro l'egoismo.

Gioacchino, dopo un viaggio in Oriente, fondò un ordine religioso, detto dei Florensi o dei Gioachimiti, dedito alla contemplazione. Si racconta che i suoi seguaci si mettessero in circolo, in ginocchio, l'uno accanto all'altro e contemplassero il cielo in silenzio senza fare il più piccolo movimento. Altre volte, invece, suonavano il salterio, uno strumento musicale a forma di triangolo che, evidentemente, ricordava loro la Santissima Trinità.

XXIII
Roberto Grossatesta

Nasce in Inghilterra intorno al 1170, si fa frate francescano, diventa cancelliere all'Università di Oxford e, qualche anno dopo, vescovo di Lincoln. Ebbene, incredibile a dirsi, pur essendo inglese fino al midollo, si chiamava Roberto Grossatesta, il che mi ricorda in un certo qual modo un gentiluomo napoletano degli anni Trenta: il marchese Roberto Mezacapa, ultimo cittadino italiano a essere stato condannato per omicidio solo per aver ucciso in un regolare duello alla pistola un suo rivale in amore. Insieme al marchese furono arrestati per favoreggiamento i padrini e tutti quelli che avevano assistito al duello, compresa la nobildonna per la quale si erano battuti. L'accostamento, comunque, riguarda solo l'affinità tra i due cognomi, dal momento che il Mezacapa napoletano, in quanto a filosofia, era di una ignoranza totale. Vediamo piuttosto perché ho ritenuto opportuno inserire il vescovo inglese in questa sedicente storia della filosofia medioevale.

Roberto Grossatesta è noto per la sua teoria della luce. Secondo lui, infatti, tutti i corpi sono composti di materia e di luce, nel senso che occupano un po' di spazio con il proprio corpo e uno spazio molto più grande con la propria immagine. Attenzione, però, a non confondere quello che si vede con quello che si tocca: la luce che emana dalla materia in tanto è visibile in quanto è stata investita da un'altra luce, di tutt'altro livello, che arriva dall'alto e che testimonia l'esistenza di Dio. Grazie a questa luce *(lumen)* che emana al di sopra delle nostre teste è possibile salire una specie di scala formata da nove sfere celesti, la più bassa delle quali è quella della luna, e quattro sfere terrestri che appartengono rispettivamente all'acqua, al fuoco, all'aria e alla terra. Certo è che per arrivare agli ultimi gradini della scala un po' di fede ci vuole.

Questa teoria segna un ritorno al pensiero di sant'Agostino. Anche per il grande filosofo, infatti, la conoscenza è un qualcosa che arriva dall'alto, come una specie di illuminazione divina. Nel suo trattato, *Sulla verità*, Roberto Grossatesta dice testualmente:

Come gli occhi del corpo non possono vedere i colori se non sono illuminati dalla luce, così gli occhi della mente sono ciechi se non vengono illuminati dalla luce di Dio.

Il frate filosofo, insegnando a Oxford, sposta gli interessi dei suoi allievi dalle materie del trivio a quelle del quadrivio e, in particolare, alla fisica e all'ottica. Tutto, a suo avviso, poteva essere ridotto a una formula matematica. La luce, diceva, è simile a una materia sottilissima, poco più spessa dell'aria, che si diffonde in continuazione finché non incontra qualcosa che la blocca. Ove mai non incontrasse nulla si diffonderebbe all'infinito fino a raggiungere i confini dell'universo e quindi, in ultima analisi, il corpo stesso di Dio. Dopodiché aggiunge: se volete avere un contatto fisico con il Vostro Creatore basta che vi mettiate al sole mantenendo gli occhi chiusi. Dopo un po' sentirete la presenza di Dio sulla vostra pelle attraverso il calore.

Altra sua passione: il greco. Affinché i suoi connazionali potessero capire meglio i classici, tradusse dal greco molte opere di Aristotele, di Platone e di Dionigi l'Areopagita. Di suo, invece, scrisse molti trattati di filosofia tra cui il *Commento alle Sentenze*, le *Considerazioni sui sei giorni*, un testo *Sulla verità* e soprattutto il *De luce*, un trattato di fisica dove il mistero della Creazione viene spiegato nei minimi dettagli ricorrendo all'ottica.

XXIV
San Bonaventura

Caro lettore, se tu vivessi nel Medioevo, e se proprio volessi farti frate, ti si spalancherebbero davanti due strade: o domenicano o francescano. Due percorsi diversi con obiettivi diversi: il primo culturale, il secondo ascetico, entrambi nati agli inizi del XIII secolo ed entrambi ricchi di significato. Quello di san Domenico, *Ordo fratrum praedicatorum,* tutto dedicato allo studio e alla lotta contro le eresie. Quello di san Francesco, *Ordo fratrum minorum,* tutto proteso alla rinunzia dei piaceri terreni. Da una parte i colti e dall'altra i questuanti. Attenzione, però, a non confondere i francescani con i barboni: il modello di vita adottato da san Francesco è quanto di più ascetico si possa immaginare. Fra l'altro, i Francescani non furono nemmeno gli unici a fare una simile scelta: ci furono, tanto per citare qualche nome, anche gli Umiliati e gli Autoflagellanti. Tutti più o meno fissati con la rinunzia dei beni materiali e tutti risoluti nel contestare il lusso spesso esibito dalle alte gerarchie ecclesiastiche.

Quando san Francesco si reca da Innocenzo III per spiegargli le sue idee, gli parla della *Regula prima,* ovvero della povertà intesa come distacco dai piaceri e come disprezzo del corpo. Per diventare francescano non veniva richiesta alcuna preparazione culturale: era più che sufficiente amare il prossimo. Ciò non toglie che nell'Ordine si iscrissero fior d'intellettuali, fra cui Alessandro di Hales, il primo francescano titolare di Teologia all'Università di Parigi.

San Bonaventura nacque nel 1221 a Bagnoregio, vicino a Viterbo, ed è rimasto nella storia come il «Secondo fondatore dell'Ordine francescano». In realtà, a differenza di san Francesco, riuscì a infilare nella *Regula* un pizzico di pragmatismo. Disse: «*Occhei* per la povertà, ma senza esagerare: che i frati abbiano almeno il minimo per sopravvivere». Laddove per minimo s'intendeva il mangiare quanto basta e il coprirsi con un saio. I più osservanti, invece, sostenevano che nella vita «non bisogna possedere nulla: né bastone né bisaccia né pane né denaro e neanche due sai, uno per l'estate e uno per l'inverno». Lui, san Bonaventura, credeva solo in Gesù e, in via subordinata, in Platone. Bellissima una sua definizione di Dio: «È una sfera intelligibile il cui centro è dovunque e la cui circonferenza è da nessuna parte». Divenne arcivescovo di Albano e morì nel 1274, nello stesso anno di san Tommaso.

Per Bonaventura, che in realtà si chiamava Giovanni di Fidanza, l'unico scopo della filosofia era quello di ricordarci della brevità della vita. Faccio degli esempi. Esempio numero uno: «Ho perso al Superenalotto per un soffio. È uscito il 34 al posto del 35». «E a te che te ne importa» mi direbbe san Bonaventura, «tanto prima o poi devi morire.» Esempio numero due: alle ultime elezioni ha vinto il centrodestra invece del centrosinistra. «E con questo?» replicherebbe san Bonaventura. «Tanto nella prossima vita non ci saranno né il centrodestra né il centrosinistra»

Gli esseri umani, in tanto hanno una ragione d'essere, in quanto rappresentano l'idea del divino in terra. Tutto il resto è *vana curiositas.* Il guaio è che corrono il rischio di diventare tanto presuntuosi da credere di poter cambiare il proprio destino. Il senso della vita può essere riassunto dal titolo che Bonaventura appose alla sua opera più famosa: l'*Itinerarium mentis in Deum.*

Dice in questo scritto che nella mente umana esistono una *ratio inferior* e una *ratio superior.* La prima serve a risolvere i problemi pratici, quelli di tutti i giorni, la seconda a intuire il mondo dello spirito. Affidiamoci quindi alla *ratio superior* e che Dio ce la mandi buona.

In origine, ai tempi di Adamo ed Eva, non avevamo tutti questi problemi, poi purtroppo siamo stati fregati dal peccato originale e ora ne paghiamo le conseguenze. Che fare per risollevarci? Nei suoi consigli Bonaventura non è altrettanto chiaro. Sostiene che tutto dipende dal livello in cui ognuno si trova. A seconda che appartenga al *vestigium*, all'*imago* o alla *similitudo*, gli tocca fare un pentimento diverso. Il *vestigium* è proprio delle creature stupide, quelle che non ragionano, l'*imago*, invece, di quelle che pensano, e la *similitudo* di quelle che già si sentono vicine a Dio.

Io, a essere sincero, ignoro il mio livello: non so, ad esempio, se finora ho commesso molti peccati o se non ne ho commesso nessuno. A volte ho l'impressione di essere stato un grande peccatore, altre volte, invece, di non essere mai andato oltre il divieto di sosta. Che dire? Speriamo bene.

Adesso qualcuno si scandalizzerà, ma non posso fare a meno di citare un altro Bonaventura, un personaggio degli anni Trenta a me molto caro. Era il protagonista di un fumetto del «Corriere dei Piccoli». Un Bonaventura del tutto diverso dal filosofo che ho appena raccontato. Laddove il primo, il francescano, si vantava di aver preso le distanze dal denaro, il secondo non pensava ad altro. La sua striscia iniziava sempre con la stessa frase:

Qui comincia l'avventura del signor Bonaventura

e finiva puntualmente con qualcuno che, per ringraziarlo di qualcosa che aveva fatto, o che non aveva fatto, gli regalava un milione. Altri tempi quelli, altro valore del denaro! Nessun italiano aveva mai visto un milione tutto intero, o tutto in banconote, e noi ragazzi ce lo immaginavamo così come ce lo mostrava il «Corriere dei Piccoli»: un pezzo di carta grande come un foglio protocollo sul quale appariva la scritta UN MILIONE. Poi arrivarono la guerra, l'inflazione, e anche il signor Bonaventura si ridusse in miseria.

XXV

Sant'Alberto Magno

Da un francescano passiamo a un domenicano: da Bonaventura ad Alberto Magno, conte di Bollstädt, nato nel 1200 circa a Lavingen in Svevia, maestro di Teologia a Parigi nel Quartiere Latino.

Alberto Magno ebbe la cattedra a seguito di uno sciopero studentesco. Sissignore, proprio così: «a seguito di uno sciopero studentesco». Mi rendo conto che sia difficile immaginare uno sciopero studentesco nel XIII secolo, eppure accadde. I professori per tutta risposta abbandonarono la scuola e se ne andarono da Parigi. Poi, se Dio volle, due anni dopo, nel 1231, la scuola domenicana riprese a funzionare e la cattedra di Teologia, dopo un paio di tentativi andati a vuoto, fu affidata ad Alberto di Bollstädt.

Il filosofo passò buona parte della vita a studiare le opere di Aristotele e come tutti quelli che ci provarono si trovò di fronte al solito dilemma: «È meglio la Fede o la Ragione?». Magari anche Aristotele, se fosse vissuto a quei tempi, avrebbe avuto gli stessi problemi. L'importante, comunque, era avere dei nemici, e Alberto Magno, grazie a Dio, se ne trovò uno su misura nella persona del vescovo di Parigi, tale Stefano Tempier, che lo accusò di eresia solo per aver spiegato ai suoi allievi alcune teorie aristoteliche. I due se ne dissero di tutti i colori. Tempier pronunciò una condanna articolata in duecentodiciannove capi di accusa, e Alberto Magno rispose definendolo «una bestia bruta che bestemmia senza nemmeno sapere che cosa sta dicendo»,[1] per poi aggiungere: «È da paragonare a quelli che uccisero Socrate, esiliarono Platone e costrinsero Aristotele a lasciare Atene».[2]

La verità sta nel fatto che Tempier e Alberto Magno provenivano da scuole diverse. Tempier dalla vecchia Scolastica, quella dove la Filosofia era considerata una umile ancella della Teologia, e Alberto dalla nuova Scolastica, quella dove la Filosofia e la Teologia erano due materie distinte e separate che non avevano nulla in comune. Ogni cosa, dice Alberto, può essere esaminata da due punti di vista: come *res in se* (cosa in sé) e allora appartiene alla Filosofia, o come *res ut beatificabilis* (cosa beatificante) e allora appartiene alla Teologia. Quello che per la Teologia è vero, per la Filosofia è solo probabile, tutta qui la differenza. Lo scontro Fede-Ragione, come abbiamo già visto in altri casi, caratterizza l'intero Medioevo fino all'Età moderna (intendendo per età moderna il periodo che ha inizio con l'Umanesimo).

Alberto Magno, anzi sant'Alberto Magno, oltre che a Parigi, insegnò a Ratisbona, a Strasburgo, a Bologna, a Padova e a Colonia, dove ebbe come allievo nientemeno che Tommaso d'Aquino. A volte fu costretto a tenere le sue lezioni all'aperto, dato l'alto numero di studenti che lo volevano ascoltare. C'è una piazza a Parigi, piazza Maubert, che pare debba il suo nome proprio ad Alberto Magno (Maubert in quanto contrazione di *Magister* e *Albertus*).

L'accoppiata Alberto-Tommaso segnò la filosofia del XIII secolo. Mai, prima di allora, infatti, si era visto un maestro così bravo a preparare il terreno per un suo allievo. Volendo usare un'espressione tipica della pallavolo, potremmo dire che Alberto alzava la palla perché poi Tommaso la schiacciasse.

[1] *Commentarii in opera b. Dionysii Areopag.*, VII, 2.
[2] *Politicorum Aristotelis (VIII lib.)*, I, VIII, 6.

Lui, Alberto Magno, di aspetto era quello che si dice un bell'uomo. Oltre a essere elegante nel portamento, era anche gentile nei modi, e, ovviamente, bravo nel comunicare. Morì in tarda età: secondo alcuni a settantacinque anni, secondo altri, invece, a ottantasette, quando però era già diventato sordo e pressoché cieco. Scrisse un *Commentarius* delle opere di Aristotele in quattro volumi, il *De bono,* il *De adhaerendo Deo* e una *Summa theologiae,* ma soprattutto la *Summa de creaturis,* un riassunto del suo pensiero che gli appassionati di filosofia medioevale non potranno ignorare.

XXVI
San Tommaso

Gli intellettuali oggi si dividono in quelli di destra e quelli di sinistra, una volta, invece, nel XIII secolo, in aristotelici e platonici. A sintetizzare la diversa impostazione dei due grandi filosofi greci provvederà, poi, Raffaello, che, nel suo celebre dipinto *La scuola di Atene*, ce li mostra mentre procedono appaiati: il primo, Platone, con un dito rivolto verso il cielo, a indicare l'ideale, e il secondo, Aristotele, con il palmo della mano aperto a indicare la terra e quindi la realtà concreta e tangibile.

Il più importante degli aristotelici fu senza dubbio san Tommaso d'Aquino, una figura leggendaria che dominerà tutto il pensiero medioevale anche dopo la morte (basti pensare alla sua influenza su Dante Alighieri).

La vita

Tommaso nacque nel 1225 a Roccasecca nei pressi di Cassino e morì nel 1274 a Terracina.[1] Era l'ottavo o il nono figlio di piccoli feudatari, i d'Aquino di Roccasecca. Il padre, il

[1] A proposito di date, teniamo a precisare che tutte quelle riportate in questo libro debbono essere lette col beneficio dell'inventario, ovvero anno più, anno meno.

conte Landolfo, viveva addirittura in un castello. Immaginiamo, quindi, che Tommaso da ragazzo abbia avuto un'infanzia serena. A comandare a quei tempi era l'imperatore Federico II. Comunque, una volta caduta la candidatura di Montecassino, il giovanotto si trasferì a Napoli dove ebbe il suo primo incontro con la filosofia aristotelica per poi frequentare l'Ordine dei predicatori domenicani. Alla famiglia, però, il fatto che il giovanotto avesse deciso di farsi frate non piacque affatto, ragione per cui, avendo saputo che si era messo in viaggio con altri novizi verso il Nord, gli spedirono dietro due guappi che lo acchiapparono e lo riportarono a casa, dove rimase sequestrato per quasi un anno. Lui ne approfittò per leggere e imparare a memoria tutta la Bibbia. Si dice anche che per dissuaderlo dal diventare domenicano una sera gli abbiano fatto trovare in camera una prostituta tutta nuda. Il tentativo, però, finì ancora prima di cominciare perché Tommaso la cacciò via con un tizzone ardente preso dal camino, senza darle nemmeno il tempo di rivestirsi. Dopodiché cadde in deliquio e si sognò due angeli che gli misero intorno alla vita una cintura bianca, simbolo di castità.

Tommaso era un omaccione grande e grosso, bruno, un po' calvo e di carattere scontroso, insomma era un musone: parlava poco e non faceva comunella con i compagni di scuola, a tal punto da guadagnarsi il soprannome di «bue muto». Poi una volta si mise a parlare in classe con tale profondità di pensiero da far dire al suo maestro Alberto Magno: «Quello che voi oggi chiamate "bue muto" un giorno muggirà così forte che lo sentiranno in tutto il mondo civile». Mai previsione risultò più azzeccata.

In qualità di frate domenicano si recò prima a Colonia, poi a Parigi, nel convento di rue Saint-Jacques, dove a soli trent'anni fu nominato *magister* in Teologia, e infine a Napoli, dove trascorse il resto della vita insegnando (si dice) l'ontologia in dialetto napoletano. Morì relativamente giovane, non ancora cinquantenne, mentre si stava recando al Concilio di Lione. Venti anni dopo venne nominato santo da papa Giovanni XXII con la seguente motivazione: «Ha illuminato la Chiesa più di quanto non abbiano fatto gli altri Dottori».

L'anima

Come si è detto all'inizio, san Tommaso era un aristotelico simpatizzante della filosofia araba (fino a un certo punto, però). Con le sue idee si mise contro le autorità universitarie, sia parigine che napoletane, e contro tutti quelli che per una qualsiasi ragione preferivano Platone ad Aristotele. Motivo del contendere: la qualità dell'anima. Che cos'è l'anima? È una parte del corpo come il cuore e il cervello, diversa da persona a persona, e per di più immortale? Oppure è una piccola particella della Mente di Dio che per qualche anno vive dentro di noi, salvo poi tornarsene a casa nell'Intelletto di Dio, come peraltro avevano già detto Avicenna e Averroè? I più osservanti gli fecero notare che il non credere nell'anima individuale equivaleva a bestemmiare, e lui se la cavò con un gioco di parole: disse che esisteva una «doppia verità», ovvero una verità filosofica basata sulla Ragione, e una verità teologica basata sulla Rivelazione. D'altra parte, aggiungeva, che colpa ne ha Aristotele se è nato quattro secoli prima di Cristo? Fosse nato dopo avrebbe di certo adattato la sua concezione dell'anima alla fede cristiana.

A nessuno era venuto in mente che fosse possibile una terza verità, e cioè la non esistenza dell'anima.

La verità

A quarant'anni scrisse uno dei suoi libri più famosi, la *Summa contra gentiles* (all'epoca venivano denominati «gentili» tutti quelli che non credevano nella religione cristiana, non perché fossero particolarmente cortesi, ma perché traevano questa definizione dal plurale della parola latina *gens*). I «gentili» contro cui si rivolgeva erano quasi sempre i musulmani. Contesta punto per punto il loro credo e fa di tutto per convincerli che hanno scelto una strada sbagliata. Vediamo come ci riesce.

Un uomo, dice, può essere esperto in un campo, ma non in tutti. Se è un falegname sa come si costruisce un tavolo, se è un medico sa come si cura un malato. Nessuno, però, sa tutto di tutto. E che cos'è il «tutto»? È la verità. E chi potrà mai comunicarci la verità? La prima risposta che viene in mente potrebbe essere la Ragione, ma la Ragione, sostiene Tommaso, può darci una mano solo in parte. A forza di ragionare, infatti, è possibile arrivare all'esistenza di Dio e magari anche all'immortalità dell'anima, ma non a dimostrare l'esistenza della Santa Trinità, dell'Incarnazione e del Giudizio finale. Solo la Rivelazione può svelare certi misteri. Le persone colte in qualche modo, grazie ai ragionamenti, si possono anche arrangiare, ma gli ignoranti non ce la faranno mai, e, guarda caso, sono proprio gli ignoranti quelli che più hanno bisogno di credere.

La Ragione, comunque, seppure subordinata alla Fede, ha una sua funzione: in primo luogo dimostra la necessità di un Creatore, in secondo luogo evidenzia i vantaggi del credere e in terzo luogo combatte quelli che non credono. E a questo punto vediamo come ragiona la Ragione.

Il Motore Immobile

Tutto quello che si muove è mosso da qualcosa, e dal momento che non si può tornare indietro all'infinito, si finisce col capire che all'origine dell'Universo deve esserci stata una Cosa con la C maiuscola che non si muoveva ma che ha mosso il resto. Questo è quanto dice Aristotele nella sua teoria del Motore Immobile. Peccato che, all'epoca di Aristotele, di Dei, cioè di Motori Immobili, ce ne fossero almeno una cinquantina. Nella *Summa theologiae* san Tommaso di dimostrazioni sull'esistenza di Dio ce ne offre addirittura cinque. La prima è quella appena citata del Motore Immobile. Ma ci sono anche quelle della Causa Prima, della Necessità, della Perfezione e dello Scopo Finale. Gira e rigira, è sempre la stessa dimostrazione, e cioè che ci deve essere stato un fondamento su cui tutto si regge, e questo fondamento si chiama Dio.

Come è fatto Dio? Ebbene, non ci crederete ma san Tommaso nella *Summa theologiae* ce lo descrive come se lo avesse conosciuto di persona, e dopo un po' che uno lo legge finisce pure col credergli. Dunque Dio sarebbe fatto così: è Immobile, Necessario, Perfetto, Intelligente che più intelligente non si può, e ovviamente Causa Prima. Volendo, lo si potrebbe anche descrivere, dice il santo, per «via negativa», cioè enumerando tutte le imperfezioni che non possiede, solo che ci vorrebbe troppo tempo.

E pensare che io me lo sono sempre immaginato con la barba e basta!

L'ontologia

Anche in san Tommaso la parte più complicata del suo pensiero è l'ontologia. Per saperne di più dovremmo capire bene che differenza c'è tra «Essenza» ed «Esistenza», e, diciamo la verità, non è facile!

L'Esistenza, dice san Tommaso, rifacendosi ad Avicenna, è solo una proprietà delle cose che esistono, laddove l'Essenza è una cosina in più, una facoltà che sta rinchiusa all'interno di un ente e che lo identifica più di ogni altra definizione. Essenza ed Esistenza dunque, come insegna Aristotele, stanno tra loro come Potenza e Atto. E che vuol dire? Che tutte le cose che vediamo non sono altro che delle forze potenziali che si sono trasformate in realtà attuali. Il mondo, quindi, rappresenta sotto forma di Atto tutto quello che Dio era una volta in Potenza. E che faceva la Potenza, ovvero Dio, prima di trasformarsi in Atto? Nulla, non faceva nulla. Lo so: qualche professore storcerà la bocca leggendo queste spiegazioni; resta il fatto, però, che aiutano a capire. Ebbene, diceva Tommaso, con la ragione noi possiamo intuire al massimo l'Esistenza ma mai l'Essenza di Dio.

Non aveva ancora trent'anni quando scrisse *L'Ente e l'Essenza*. Evidentemente il problema ontologico lo aveva affascinato fin dall'inizio, fin dalla sua prima conoscenza di Aristotele.

La felicità

La felicità non risiede nei piaceri carnali, nel potere, nel denaro o in tutte quelle cosine per cui la maggior parte degli uomini si danna da quando si sveglia la mattina fino a quando va a dormire la sera. La felicità sta solo nella possibilità di guardare Dio in faccia. E su questa frase Bertrand Russell ci avverte che non bisogna prenderla troppo alla lettera, dal momento che Dio non ha una faccia.

Resta comunque il fatto che anche per san Tommaso la vera felicità non è raggiungibile in questa vita ma solo nella prossima. Pazienza, dico io, ma nel frattempo cerchiamo almeno di non essere infelici.

Si racconta che san Tommaso poco prima di morire abbia detto al suo amico Reginaldo: «Non mi va di rileggere quello che ho scritto. Avrei l'impressione di aver detto solo cose imprecise e finirei col buttare tutto nel fuoco».

Anch'io la penso così, ragione per cui mi guardo bene dal rileggere questo capitolo.

XXVII

Ruggero Bacone

Una volta avevo un amico che si chiamava Filippo e che militava tra i Verdi. Ora, che dire? Io, Filippo, non l'ho mai capito. In quanto «verde» sarebbe dovuto essere una persona amante della natura, con i piedi per terra, insomma uno pratico, e invece era un emotivo, un sognatore, uno con il quale era impossibile fare un discorso razionale. Una volta, solo per avergli detto che nell'Ottocento, malgrado non esistesse ancora l'inquinamento atmosferico, la malattia più diffusa era la tisi e che si moriva mediamente a quarantotto anni, mi accusò di essere un globalizzatore e un amante della guerra (che c'entrasse poi la guerra non l'ho mai capito). Ebbene Ruggero Bacone rassomigliava un pochino al mio amico Filippo: per un verso credeva nella scienza e nella natura, e per un altro frequentava maghi, indovini e persone poco attendibili. Non a caso, oltre a fare il filosofo e il matematico, era anche alchimista e astrologo. Ma viveva in pieno Medioevo ed era quindi molto più giustificabile di Filippo.

Ruggero Bacone, da non confondere con il grande Francesco Bacone (anche lui inglese e anche lui filosofo, ma vissuto più di tre secoli dopo), nacque verso il 1215, forse a Oxford, e, una volta diventato maggiorenne, si trasferì in Francia per iscriversi all'Università di Parigi nella facoltà delle Arti. Poi, tornato in Inghilterra, si fece frate francescano e divenne allievo di Roberto Grossatesta. Fu l'iniziatore di un insegnamento tutto basato sull'osservazione della natura. Disse: «Noi, col cervello, siamo portati a ragionare sulla possibile esistenza di Dio: a volte crediamo che c'è e altre volte no. Vuoi vedere che, aprendo gli occhi e guardandoci intorno, riusciamo invece a capire bene i misteri della vita?». Dopodiché aggiunse: «Due sono le fonti della conoscenza: la Ragione e l'Esperienza. La Ragione, purtroppo, non arriva mai a eliminare del tutto il Dubbio. L'Esperienza, invece, in quanto ripetibile a volontà, finisce col diventare una preziosa collaboratrice. Anche l'Esperienza, però, può essere di due tipi: *esterna* e *interna*. Quella *esterna* ci viene data dai sensi e quella *interna* dalla illuminazione divina, ovvero dalla *Grazia*». E così il nostro Bacone parte con delle premesse scientifiche e finisce per appellarsi al più totale misticismo. Certo è che, paragonato ai suoi colleghi di allora, è un supertecnico e quindi, con un po' di buona volontà, potrebbe addirittura essere considerato uno dei precursori della scienza moderna. In uno scritto intitolato *De mirabili potestate artis et naturae* riesce a prevedere le possibili invenzioni del futuro, e ci parla di navi a motore, di automobili, di aeroplani, di gru e di sommergibili. Ecco qui di seguito il pezzo in questione:

Si potranno costruire grandissime navi in grado di navigare senza l'aiuto dei rematori... nonché carri capaci di procedere pur non avendo cavalli a trainarli... e macchine per volare con un solo uomo ai comandi ... e strumenti non molto grandi capaci di alzare e abbassare pesi di qualsiasi grandezza... e perfino congegni atti a percorrere i mari e i fiumi viaggiando nei profondi abissi.

Beh, più veggente di così non avrebbe potuto essere! Solo la televisione non aveva previsto. Fu soprannominato dai suoi allievi *Doctor mirabilis* ed ebbe un largo seguito di fan. I suoi libri principali furono l'*Opera maggiore*, l'*Opera minore* e la *Terza opera*. Solo la prima, però, riuscì a scriverla fino alla fine. Il fatto è che nel 1268 gli morì all'improvviso Clemente

IV, il pontefice che lo aveva sempre protetto, e subito dopo venne scomunicato dal suo successore, papa Gregorio X.

Ma perché si era fatto tanti nemici? È facile dirlo: per invidia. Come spesso accade, infatti, non era molto amato dai colleghi universitari e a quei tempi, essendo tutti i professori culo e camicia con la Chiesa, non ci voleva niente ad accusare qualcuno di eresia, o, peggio ancora, di avere avuto rapporti segreti con i popoli miscredenti. Non dimentichiamoci, poi, che, all'inizio del XIII secolo, premevano ai confini dell'Europa popoli dalle religioni più diverse: Mongoli, Arabi e Tartari. Lo stesso Bacone, nella sua *Opera maggiore*, aveva esortato gli Europei a stare in guardia dai possibili invasori. Aveva scritto: «I Tartari hanno la libidine del dominio. Non solo vorrebbero imporci il loro imperatore ma anche il loro Dio». Per non parlare dei Saraceni che attaccavano di continuo le nostre regioni meridionali. Per rendersene conto basta percorrere, ancora oggi, via mare, la costiera amalfitana e vedere come, quasi a ogni chilometro, c'è una torre per l'avvistamento dei pirati saraceni. Non a caso la frase «*Mamma, li turchi!*» è stata inventata da un nostro antenato meridionale.

Comunque, Turchi o non Turchi, il buon Bacone fu censurato per i suoi rapporti preferenziali con la scienza dal generale dell'Ordine francescano Girolamo d'Ascoli. Sbattuto in galera, ci rimase la bellezza di quattordici anni. Il peggio fu che gli proibirono di scrivere. Peccato, perché tra i suoi progetti c'era quello di compilare un'*Enciclopedia generale delle scienze* che avrebbe liberato ogni sapere dai condizionamenti della religione.

XXVIII

Raimondo Lullo

A Lullo stavano sulle scatole Averroè e tutti gli averroisti. Qualunque cosa avesse detto o fatto il filosofo arabo, a lui dava fastidio, soprattutto la teoria secondo la quale l'uomo morendo perdeva l'anima. «Pazienza» diceva, «se con la vecchiaia diventiamo brutti, pazienza se il corpo diventa uno scheletro, pazienza se aumentano le malattie, ma che anche l'anima scompaia, come se fosse divorabile dai vermi, proprio non lo sopporto.» Questo suo pensiero, anzi questa sua fissazione, lo fece viaggiare in lungo e in largo per tutto il Medio Oriente, sempre alla ricerca di qualcuno da convertire al cristianesimo o, in realtà, con cui litigare. Aveva imparato l'arabo proprio per questo, per litigare con gli infedeli. In pratica era un crociato, partito, da solo, con una trentina di anni di ritardo, e con un'unica arma di offesa: la parola.

Raimondo Lullo, o Ramón Llull con due «elle» iniziali e due «elle» finali, nasce a Palma di Maiorca nel 1235 e muore lapidato dagli Arabi nei pressi di Tunisi nel 1316. D'altra parte, non poteva che finire così: lui li aveva tormentati per tutta la vita e loro, alla prima occasione, si vendicarono.

Scrisse moltissimo. La sua opera principale fu l'*Ars magna*, ovvero una specie di enciclopedia con finale mistico.

Lui sostiene di averla scritta sotto dettatura, in trance, a seguito di un'illuminazione divina. Sarà vero? Boh? Certo è che il testo più stimolante di Lullo resta quello intitolato *Libro del Gentile e dei tre saggi*, dove il protagonista, il Gentile, tormentato dai dubbi, incontra una bella fanciulla che gli presenta tre saggi e gli mostra cinque alberi. La fanciulla, che simboleggia l'intelligenza, interroga i saggi, ovvero le tre religioni monoteistiche, e grazie agli alberi riesce a fare dei confronti tra le varie religioni, tutti a vantaggio del cristianesimo. Alla fine emergono sia le caratteristiche che le accomunano sia quelle che le differenziano, e, quindi, la Trinità, il Giudizio Universale e la vita di Gesù. Comunque, pur avendo fatto il possibile per mettere in luce i meriti del cristianesimo, Lullo conclude l'opera non facendo dire al protagonista quale sia il credo che lo ha maggiormente convinto, quasi a voler fare intendere che le tre religioni s'integrano nella Fede in un solo Dio onnipotente. L'opera riscosse un notevole successo nel Medioevo e venne tradotta in varie lingue.

Lullo scrisse anche un romanzo autobiografico, dal titolo *Il libro di Blanquerna*, dove racconta la storia di un cavaliere errante che passa da una vita avventurosa, tipica della cavalleria dell'epoca, a una vita mistica tutta dedicata alla conversione degli infedeli, fino ad arrivare a una esperienza eremitica con annessa visione di Dio.

Curioso dei più svariati argomenti (logica, astronomia, medicina, matematica, geometria e pedagogia), Raimondo Lullo nutriva un particolare interesse per gli alberi. In un suo trattato, infatti, intitolato *L'albero della scienza*, racconta di aver incontrato un monaco che gli ha spiegato centimetro per centimetro come è fatto un albero e quali differenze ci sono tra le radici, il tronco, i rami, le foglie e i frutti, sempre paragonando ciascuna parte dell'albero all'animo umano.

Seguono altri duecentocinquanta libri tra cui: il *Libro della contemplazione,* il *Libro dello splendore,* il *Libro della creazione,* il *Libro dell'amante e dell'amato* (dove l'amante è il cristiano e l'amato è Gesù), il *Libro della cavalleria,* il *Libro delle meraviglie,* il *Libro dell'intelletto ascendente e discendente* e per ultimo, manco a dirlo, il *Libro dello sconforto.*

XXIX
Agenore Cupio

Se c'è un'etichetta che mi perseguita è quella di «filosofo napoletano». Sempre più spesso, infatti, me la vedo appiccicata addosso, in particolare quando sono ospite in televisione, con la solita frasettina: «Voi napoletani, poi, siete tutti un po' filosofi». Di solito rispondo, alquanto risentito, che non è assolutamente vero, anche perché la percentuale dei filosofi napoletani (inclusi Giambattista Vico e Benedetto Croce nato a Pescasseroli) è di gran lunga più bassa di quella dei filosofi nati in altre città del Nord. Se poi a tutto questo aggiungiamo la mai abbastanza deprecata canzone

Basta che ce sta 'o sole,
che ce rimasto 'o mare,
'na nenna a core a core
e 'na canzone pe' cantà,
chi ha avuto, ha avuto, ha avuto,
chi ha dato, ha dato, ha dato,
scurdammece 'o passato,
simme 'e Napule paisà

e la non meno orribile scritta «*San Gennà fottatenne*», apparsa sotto la statua di san Gennaro un giorno in cui si mise in dubbio pubblicamente il miracolo, abbiamo una chiara dimostrazione di quanto spesso siano approssimative le idee sulla filosofia.

Giunti a questo punto, però, è lecito chiedersi: «Ma ci sono stati filosofi napoletani medioevali?». Ebbene sì, ci sono stati, magari non famosi come sant'Agostino nato a Tagaste, o san Tommaso nato nei pressi di Cassino, ma comunque meritevoli di una citazione. Ce ne fu uno, ad esempio, verso la fine del XII secolo, che costituì un gruppo di pensatori erranti detti *thanatoferi* per la loro fissazione di ricordare a tutti l'ineluttabilità della morte. Il capofila dei *thanatoferi* si chiamava Agenore Cupio: era considerato un grande iettatore, e, in quanto tale, veniva evitato da tutti gli abitanti del quartiere Pignasecca.

Detta in due parole, la sua tecnica di approccio era la seguente.

«Che ti è successo?» chiedeva Cupio a un amico, vedendolo zoppicare.

«Sono caduto scendendo le scale» rispondeva l'amico «e mi sono rotto una gamba.»

«Mi felicito con te» esclamava lui, tutto contento, stringendogli la mano. «Pensa, invece, se fossi morto! Oggi tua moglie sarebbe una vedova disperata e i tuoi figli dei poveri orfani senza un soldo per campare. E invece, grazie a Dio, eccoti qua, più vivo che mai. Sì, d'accordo, zoppichi un poco, ma prima o poi ti passerà.»

Insomma, per dirla con un'espressione che odio, consigliava il prossimo di «prenderla con filosofia», per poi aggiungere: «Leggiti il *Fedone,* lì dove Socrate dice a Simmia: "Sarebbe ridicolo che io adesso, dopo aver trascorso una vita intera a credere nella trasmigrazione dell'anima, mi rammaricassi perché è arrivato il mio momento. La filosofia a questo serve, ad abituarsi a morire"».

Dopodiché tutti si allontanavano da lui facendo scongiuri e toccandosi nelle parti più intime.

Un'altra volta, a un conoscente che gli chiese che cosa fosse più da temere, se una fine piena di sofferenze o una morte improvvisa, lui rispose: «Il dolore totale è sempre lo stesso e si divide tra chi se ne va e chi resta. Più soffre quello che se ne va e meno soffrono quelli che restano. Anzi, a volte, questi ultimi si augurano perfino che il morituro finisca di soffrire. Il contrario, invece, capita quando accadono morti improvvise. In questo caso il dolore si scarica tutto sui sopravvissuti».

Agenore Cupio scrisse un libretto, di cui non è rimasta traccia, intitolato *Come essere felici nella disgrazia*, che ebbe molto successo tra i malati.

XXX
Giovanni Duns Scoto

Verso la fine del Medioevo la Scienza guadagna sempre più terreno nei confronti della Religione. All'inizio non era nemmeno compresa tra le materie della Scolastica. Poi, nel XIII secolo, a forza di bussare alle porte del sapere, diventa una specie di «collaboratrice familiare» della Fede: uno strumento, cioè, che si può anche usare, a patto, però, che non si metta in discussione l'esistenza di Dio. Già san Tommaso ci aveva provato con il suo aristotelismo, ma è con Duns Scoto che si cominciano a intravedere i primi risultati. Attenzione, comunque, a non farci troppe illusioni: si tratta pur sempre di timidi approcci. Faccio un esempio: quando Duns Scoto dice: «Una verità può essere capita dal cervello, ma solo fino a un certo punto, oltre il quale è indispensabile l'illuminazione divina», altro non fa che elogiare la Scienza e nello stesso tempo ammettere i suoi limiti nei confronti dell'onniscienza di Dio. Il sospetto è che queste cose le dicesse non perché ne fosse convinto ma per non inimicarsi le autorità ecclesiastiche. D'altra parte, mettiamoci nei suoi panni: a quei tempi a comandare erano i preti. Il suo stipendio, e con esso la sua sopravvivenza, dipendevano da loro. Per non fare la fine di Bacone, che languì sepolto vivo in una cella per quattordici anni, qualche piccola concessione la doveva pur fare. Ecco perché tutti, ma proprio tutti, quando arrivavano al dunque tiravano in ballo una volta la Grazia, un'altra volta l'Intelletto agente e un'altra volta ancora la Luce che veniva dall'Alto;

l'importante era salvare, oltre l'esistenza di Dio, anche quella propria.

All'inizio del Trecento, però, cambia qualcosa nei rapporti tra Stato e Chiesa e questo costringe tutti quelli che contano a prendere posizione: o si sta con Filippo il Bello o si sta con Bonifacio VIII. Il massimo dello scontro lo si avrà con l'«oltraggio di Anagni», allorquando Sciarra Colonna, con la complicità dell'ambasciatore del re di Francia, darà uno schiaffo al Papa. Siamo nel 1303. Alcuni anni dopo il papato trasferisce la sua sede da Roma ad Avignone, e anche il nostro Scoto dovrà scegliere da che parte stare. In un concilio gli si chiede di porre sotto accusa l'operato di Bonifacio VIII e lui, insieme ad altri docenti dell'Università di Parigi, giustamente si rifiuterà, o, per meglio dire, dichiarerà: «Io faccio il professore di filosofia e mi occupo solo di metafisica, di logica, di ontologia... di cose, insomma, che con la politica non hanno niente a che vedere». Non l'avesse mai detto: tempo una settimana, e verrà espulso da tutte le università del Regno di Francia.

Giovanni Duns Scoto, noto come il *Dottor Sottile,* nacque a Mauxton, in Scozia, nel 1266. Come il suo collega Ruggero Bacone, nel 1281 divenne francescano, studiò a Oxford e a Parigi, e insegnò in entrambe le università, per poi morire a Colonia a soli quarant'anni o poco più, nel 1308. Come opere gli vengono accreditate: l'*Opera di Oxford,* le *Trascrizioni parigine,* il *Primo principio degli esseri,* la *Metafisica,* la *Logica,* la *Libera interpretazione* e il *Trattato sull'anima.* Chissà, poi, se davvero le ha scritte tutte lui.

Duns Scoto crede nella Scienza pur dividendola in due materie distinte e separate, e precisamente quella *dimostrabile* e quella *probabile,* e così facendo separa la Filosofia dalla Teologia. Mentre la Filosofia comunica il Dubbio, la Teologia aiuta l'uomo a vivere meglio. Come dire: «Beati quelli che hanno Fede: saranno più felici nell'ultima parte della vita, proprio quando si comincia a pensare». La Teologia, allora, conclude Duns Scoto, non è solo una disciplina teorica ma è anche una scienza pratica. Provare per credere.

Come la prima funzione della vista è distinguere tra il bianco e il nero, così la prima funzione dell'intelligenza è distinguere ciò che è da ciò che non è, quindi l'Essere dal Non Essere. Sennonché, la nozione di Essere non è di analogicità tra Dio e il mondo (come diceva Tommaso) ma di assoluta univocità. Ora, volendo paragonare Dio al mondo, l'unica cosa che ci sentiamo di dire è che il primo ha generato il secondo, e fin qui siamo tutti d'accordo. Nello stesso tempo, però, Duns Scoto respinge la tesi platonica secondo la quale gli Individuali altro non sono che una proiezione degli Universali.

Infine, nel suo trattato sul *Principio degli esseri,* il filosofo tenta anche una minidimostrazione dell'esistenza di Dio, e vediamo come ci riesce.

Sostiene che esiste una gerarchia tra tutti gli enti possibili e quindi anche l'esistenza di un valore massimo che per il momento non è visibile. È come trovarsi di fronte a una piramide di cui non si riesce a vedere la cima. Non la si vede, però la si deduce. Certo è che la felicità la si può ottenere solo dalla Rivelazione e quindi dalla Fede.

Per Scoto l'uomo è libero di perseguire il bene e il male. Dio più che indicargli la strada giusta non può fare. «Cazzi suoi se ha preso quella sbagliata» diceva, come peraltro affermava anche padre Atanasio, il parroco di Santa Lucia di quando io ero ragazzo, facendosi il segno della croce.

XXXI
Marsilio da Padova

Finora non abbiamo mai parlato di politica, o, per meglio dire, finora abbiamo parlato solo di politica, ossia di conflitto tra quelli che avevano eletto come guida spirituale la Chiesa e quelli che avevano invece optato per la Ragione (per Ragione intendendo la scienza della natura e con essa la lealtà nei confronti dell'imperatore in carica). Marsilio Mainardini militò in questa seconda schiera: per lui la legge era una pratica che doveva essere risolta seduta stante, e non rimandata a una seconda ipotetica vita. Certo è che, credendo nella giustizia terrena, Marsilio si fece subito dei nemici e in particolare tutti quelli che, in quanto delegati da Nostro Signore, facevano il bello e il cattivo tempo, ovvero i preti e tutto il loro entourage.

Marsilio era nato a Padova nel 1275 e fin da ragazzo era stato un fan accanito di Averroè. In quanto averroista, non credeva nell'immortalità dell'anima e di conseguenza nemmeno nel Paradiso, nel Purgatorio e nell'Inferno, con buona pace del suo coetaneo Dante Alighieri. La *Divina Commedia* per lui era solo un poema. Anzi giudicava Dante un qualunquista, e non a torto dal momento che il divino poeta, in quanto a politica, pur essendo un guelfo bianco, si era sempre fatto i fatti suoi. Quando doveva mandare qualcuno all'Inferno lo faceva solo se la persona in questione era già morta e sepolta.

Più leggo Marsilio e più sono portato a credere che sia stato lui l'inventore della scritta «La legge è uguale per tutti». Nel suo libro, infatti, intitolato *Defensor pacis* (*Il difensore della pace*), lo dichiara senza mezzi termini: «Il fatto che un individuo sia sacerdote, contadino o muratore non dovrebbe avere alcuna importanza agli occhi di chi lo sta giudicando, così come non dovrebbe avere importanza per il medico il mestiere del paziente». La pretesa, quindi, delle autorità di gestire la giustizia a seconda che la persona imputata sia o non sia un ecclesiastico è un vero e proprio sopruso. Volendolo raccontare con parole ancora più semplici, Marsilio dice: «Una cosa sono gli obblighi civili che ognuno di noi ha verso lo Stato, e un'altra cosa i doveri spirituali che abbiamo nei confronti di chi ci ha messo al mondo: i primi hanno a che vedere con la legge, i secondi con l'anima. Guai a confondere gli uni con gli altri».

Ragionando in tal modo, Marsilio si fece subito centinaia di nemici, e venne, come di regola, scomunicato. Per evitare il carcere, fuggì nottetempo insieme ad altri scomunicati da Avignone e si rifugiò presso l'amico Ludovico il Bavaro, candidato a diventare imperatore d'Occidente. Al che Giovanni XXII scomunicò anche Ludovico il Bavaro, che a sua volta organizzò apposta un concilio di vescovi per accusare il Papa di eresia. Insomma, questi erano i tempi.

Nel 1312 Marsilio divenne rettore dell'Università di Parigi e tenne la carica fino a quando non venne scomunicato. Secondo lui, a comandare doveva essere solo il popolo e basta, o, per meglio dire, quella parte di popolo, da lui chiamata *pars valentior,* che in quanto a saggezza stava messa meglio della plebe incolta. Fosse vivo oggi, ci consiglierebbe di far votare solo quelli che hanno superato la scuola dell'obbligo. Ci direbbe: «Dal momento che attraverso la televisione è possibile plagiare gli animi dei più ignoranti, perché non fate votare solo i meno plagiabili, quelli cioè più istruiti e consapevoli?». E vagli a dare torto!

XXXII
Guglielmo d'Ockham

Da universitario ho praticato molto l'atletica leggera. Le maggiori soddisfazioni le ho avute dalla staffetta 4 per 400. Ora, per chi non lo sapesse, la 4 per 400 era una gara nella quale ogni atleta, una volta terminato il proprio tratto, consegnava un bastoncino, detto «testimone», a un compagno di squadra che lo afferrava per poi proseguire la corsa fino al quarto frazionista che doveva tagliare il traguardo. Ebbene, è grosso modo quello che è accaduto a Duns Scoto e a Guglielmo d'Ockham. Il primo ha consegnato il testimone al secondo e questi ha proseguito il discorso iniziato dal primo. Ma mentre per Duns Scoto la Filosofia era una scienza povera, in quanto lontana dalla realtà, per Guglielmo d'Ockham era una materia fin troppo ricca, a patto, però, di non perdere tempo con la Teologia. Come dire che la Filosofia e la Teologia erano per Guglielmo due modi diversi di concepire la vita, oltretutto divisi da un fossato invalicabile.

Guglielmo d'Ockham, frate francescano, un giorno, rivolgendosi a papa Giovanni XXII, gli inviò il seguente messaggio: «Se leggi con attenzione la vita di san Francesco ti renderai conto di cosa vuol dire vivere da autentico cristiano. Non come te, papa inverecondo, che sguazzi dalla mattina alla sera in mezzo ai velluti e ai gioielli dei tuoi salotti!». Convocato a causa di questa frase ad Avignone nel

1324, si fece prima quattro anni di clausura in un convento, per poi scapparsene giusto in tempo il giorno prima del processo. Con lui c'erano Michele da Cesena, generale dell'Ordine francescano, e altri due poveri cristi in odore di scomunica. Rifugiatosi, infine, presso Ludovico il Bavaro, pare che si sia presentato all'imperatore dicendo: «Tu difendimi con la spada e io ti difenderò con la penna!». Nel frattempo, però, il Papa aveva nominato una commissione di sei alti prelati che in men che non si dica stilarono contro i quattro fuggitivi un'accusa di vilipendio articolata in cinquantuno imputazioni.

Col vilipendio, all'epoca, non si scherzava: era quanto di peggio poteva capitare a un povero disgraziato. Nella migliore delle ipotesi si rischiava l'ergastolo, altrimenti si veniva bruciati vivi sulla pubblica piazza. Lo dico con cognizione di causa essendo stato anch'io accusato, una decina di anni fa, di vilipendio alla religione, insieme a Renzo Arbore e a Roberto Benigni, solo per aver scritto la sceneggiatura del *Pap'occhio,* un film in seguito messo all'indice e ritirato da tutte le sale del Regno, *pardon,* volevo dire della Repubblica. Noi, però, sprezzanti del pericolo, non solo non fuggimmo, ma non fummo nemmeno bruciati vivi.

Guglielmo d'Ockham, anche detto il *Dottore Invincibile,* nasce nel Surrey, in Inghilterra, nel 1290. Chi era in realtà? Era uno che «andava subito al dunque» e per riuscirci «tagliava via» tutto quello che a suo giudizio riteneva inutile o comunque superfluo. Questo suo modo di affrontare la realtà è passato alla storia come il «rasoio di Ockham». Tutto quello che avevano detto gli scolastici fino a quel momento andava a farsi benedire, e quindi anche l'univocità dell'Essere, la nozione metafisica di Causa finale, il concetto metafisico di Sostanza, le categorie di Aristotele e, buoni ultimi, gli Universali. Per lui gli Universali erano «parole e niente altro che parole». Né, tanto meno, riteneva indispensabili le gerarchie ecclesiastiche, ivi compresi i papi, i vescovi e i cardinali. Le uniche entità che a suo giudizio meritavano rispetto erano Dio e gli esseri umani, punto e basta. Prima, però, di farlo passare come un negatore totale, chiediamogli qualcosa di preciso.

Domanda: «Esiste Dio?».

Risposta: «Sì, esiste, ma non come hanno tentato di dimostrarcelo san Tommaso e sant'Anselmo. Per credere in Dio basta leggersi Aristotele e Averroè. Dio esiste perché l'infinito è già un concetto immaginabile e non ha alcun bisogno di essere dimostrato».

Purtroppo, però, a quei tempi esistevano due modi di concepire il cristianesimo: per il papato era uno strumento di potere, per i francescani invece, e per Guglielmo in particolare, una missione evangelica.

La Scolastica, all'inizio, aveva fatto di tutto per far convivere la Scienza e la Religione. Poi, col passare degli anni, anzi dei secoli, le due discipline si erano progressivamente allontanate l'una dall'altra, fino a diventare due materie distinte e separate proprio grazie a Guglielmo d'Ockham, che, a buon diritto, può fregiarsi del titolo di ultimo filosofo del Medioevo e di primo filosofo dell'Età moderna.

La teoria in cui credeva era l'*empirismo radicale*, secondo il quale tutto quello che superava i limiti dell'esperienza diretta poteva, sì, interessare, ma certo non essere creduto a occhi chiusi. Se parliamo, ad esempio, di Aldilà, diceva Guglielmo, il massimo che vi posso concedere è di sperare che esista, non più di questo. Ne vengono fuori, allora, due tipi di conoscenza: quella *intuitiva* e quella *astrattiva*. La prima si divide a sua volta in conoscenza *perfetta* e conoscenza *imperfetta*. Quella perfetta la si ottiene quando è possibile dimostrarla con l'esperienza. Quella imperfetta, invece, quando resta a livello ipotetico. La conoscenza astrattiva, infine, è propria degli artisti e dei poeti, prescinde dalla realtà ed è una facoltà che posseggono solo alcuni esseri umani.

È ovvio che teorie del genere non potevano essere accettate in un regime basato sulla Fede Cieca e Assoluta. Donde le accuse di vilipendio e il conseguente esilio.

Mi auguro che oggi Guglielmo d'Ockham, trovandosi in Paradiso, abbia potuto trovare conferma, con la conoscenza diretta del luogo, di tutto quello che in vita sua aveva sperato.

Indice dei nomi

«Storia della filosofia medioevale»
di Luciano De Crescenzo
Collezione I libri di Luciano De Crescenzo

Arnoldo Mondadori Editore

Finito di stampare nel mese di aprile 2002
presso Mondadori Printing S.p.A.
Stabilimento NSM di Cles (TN)

Stampato in Italia - Printed in Italy